大切なことに気づき、心ふるえる 33の物語と90の名言

西沢泰生

PHP文庫

○本表紙図柄＝ロゼッタ・ストーン（大英博物館蔵）
○本表紙デザイン＋紋章＝上田晃郷

まえがき

ある女性タレント。

本人は、そんなつもりはないのに、SNSに、「態度がわざとらしいから嫌い」とか、「自分のことを可愛いと思っているそぶりが鼻につく」など、自分について、心無い書き込みをされるのが悩みでした。

それを目にするたびに、落ち込む日々。

正直、そんな書き込みを見ると、「もうタレントはやめようか」と、心が折れそうになっていました。

でも。

ある日、芸能界の大先輩であるベテランのタレントさんから、こんなことを言われたのです。

「SNSの悪口なんて、世の中の100人とか、200人とか、ほんの限られた人が繰り返し書き込んでいるだけ。今、あなたがテレビに出られているということは、それよりもはるかに多い、何万人、何十万人の人が応援してくれているということ。だから、**そんな悪口、いっさい気にしなくていいんだよ**」

この言葉を聞いた途端、その女性タレントは、心の中にずっとかかっていた黒雲がパーッと晴れるのを感じました。

以来、自分の悪口を書き込む人たちではなく、自分を応援してくれる人たちの方に目が行くようになったそうです。

大学を出たら起業したいと思っていたある若者。

親から猛反対され、まわりに流されて就職活動をするうち、内定もいただいたものの、まだ、企業に就職することに煮え切らない気分でいました。

そんなとき、企業の社長をしている親戚の叔父さんからこんな言葉をもらったのです。

「会社に就職したら、1日も早く、その会社から出ても1人で生きられる力を身に付けるようにしなさい。のほほんと就職した人が10年かけて得る知識や人脈を、1カ月で得るつもりで過ごす。そうすれば、何年かして、会社を辞めて起業しても、何も困らない」

この言葉を聞いた彼。内定していた企業への就職を決心しました。

現在は、新人でありながら社内でメキメキと頭角を現し、大きなプロジェクトのリーダーを任されています。

「お笑い芸人になりたい」

そんな夢を追いかけて東京に出てきたある若者。

しかし、なかなか人気が出ず、アルバイトで生活費を稼ぐ日々。

もう、夢をあきらめて故郷に帰ろうか……。

そう考えていたとき、たまたま本屋で手に取り、偶然読んだ本のなかに、こんな言葉を見つけます。

「夢は逃げない。逃げるのはいつも自分」

この言葉を見た彼。東京でもう少し頑張ってみることにしました。

だって、夢のほうは決して逃げることはないのですから。

やるだけやって、あきらめて逃げるのはいつも自分だとするなら、**逃げるのは、いつだってできるじゃないか！**

そう思えて、悔いが残らないところまでやってみようと決めたのです。


たった、ひと言の言葉。

たった、1行の文章。

それが、大切なことを教えてくれて、人生を変えてしまうことがあります。

本書では、そんな**「パワーのある言葉」**や**「一流の人たちの目からウロコのエピソード」**を集めました。

それは、例えば。

「徳川家康が家臣の心をつかんだ言葉」

「海に落とされた松下幸之助がとった行動」

「幼い日の黒澤明が見た、荘厳な景色」

「宮崎駿《はやお》に、生きる意味を突き付けた場所」など。

さらに、「決して有名な人のエピソードというわけではないけれど、心に残る話」も入れ込みました。

それは、例えば。

「靴磨き、源ちゃんの秘密」

「新任部長が最初に訪問した先」

「伝説の『少年ジャンプ』」

「1000円をケチって人生を棒に振った男」など。

もし、本書を読む事で、あなたがこれからの人生を生きていくための「ヒント」をひとつでもつかんでいただく事ができたら…。

「大切なあの人に教えてあげたいな」と思える話をひとつでも見つけていただく事ができたとしたら…。

著者としてこれ以上の喜びはありません。

西沢泰生

大切なことに気づき、心ふるえる33の物語と90の名言　目次

「人とのつながり」について、大切な人に伝えたい11の物語

「シゴト」について、大切な人に伝えたい11の物語

「生き方」について、大切な人に伝えたい11の物語

「人とのつながり」について、大切な人に伝えたい11の物語

1

おだやかな心が溶かすもの

川に落とされた良寛さん

何事につけ、ひねくれた考え方をする「意地悪な人」というのは、いるものです。

ほら、アニメにもなった、漫画の『キャンディ・キャンディ』に出てくるイライザみたいな人（たとえが昔の漫画で失礼！）。

そんな、意地悪な人の心を一瞬にして変えてしまう事などできるのでしょうか。

これは、そんな離れワザをやってしまった、良寛さんのエピソードです。

良寛さんは、江戸時代の末期に現在の新潟に住んでいた僧です。

檀家《だんか》を持たず、村人たちから、掛け軸の「書」の依頼などがあると引き受けて、そのお礼に米や味噌などをもらって暮らしていたといいますから、まあ、つつましい生活です。

決して偉ぶらず、文字が書けない人の代わりに手紙を書いてあげたり、いつも懐《ふところ》に手まりを入れていて、それを出しては子供たちと遊んだりとおおらかに過ごしていましたから、村人たちに大層な人気がありました。

この人気を妬《ねた》んだのがイライザ…ではなく、ひねくれ者の船頭です。

この船頭、「もし良寛のヤツが俺の渡し舟に乗る事があったら、わざと舟を揺らして川に落としてやろう」と、とんでもない事を考えて、機会をうかがっていました。

そんなある日。

ついにチャンスが。

船頭の悪だくみなど、知る由《よし》もない良寛さんが、1人でこの船頭の舟に乗りに来たのです。

舟がちょうど川の真ん中あたりまで来たところで、わざと舟を揺らす船頭。たまらず川に落ちてしまう良寛さん。

見る間にあざやかなクロールで反対岸まで泳いでいった…という事はぜんぜんなくて、泳げなかった良寛さんは、当然のように溺れてしまいます。

たっぷりと水を飲んで、もう死にそう…というところで、この船頭、良寛さんの襟首《えりくび》をつかんで舟に引き上げます。

水を吐き、やっと言葉を発する事ができるようになった良寛さん。

船頭がわざと自分を川に落とした事をわかったうえで、この船頭に対してこう言ったのです。

「**助けてくれてありがとう。あなたは命の恩人です。この恩は一生忘れません**」

面食らったのはこの船頭です。

てっきり恨みの言葉をあびせてくると思っていたのに、良寛さんのこの言葉に衝撃を受けます。

そして、こう思ったのです。

なじられて当たり前の意地悪をしたのに、この人は自分にお礼を言っている…。
自分はどうして、こんな素晴らしい人の事を妬んでいたのだろう。
いつから自分は、こんなにひねくれた人間になってしまったんだろう。

その日の夜。

船頭は酒を持って良寛さんの庵《いおり》を訪ね、昼間の自分の行ないを心から詫びました。
良寛さんは、わざわざ訪ねてきた彼を心から歓迎し、その夜、2人はゆっくりと酒を酌み交わしたのです。

これは、つくり話ではなく実話です。

この出来事のあと、すっかり心を入れ替えて「いい人」になったこの船頭が、のちに村人たちに「なぜ、自分は生まれ変わったのか」と語った話が伝わったものなのです。

なぜ、船頭は生まれ変わる事ができたのか…。

仏教の世界には「**和顔愛語**《わがんあいご》」という美しい言葉があります。

「和顔」とは、「おだやかな顔」の事。

「愛語」とは、「人を温かい気持ちにする言葉」の事。

良寛さんは、お釈迦様のこの言葉が好きで、いつも、実行するようにしていたそうです。

だから、この船頭にわざと川に落とされた時も、この「和顔愛語」の精神を貫いたわけですね。

良寛さんの「自分を陥《おとしい》れた相手」に対する「心からの感謝の言葉」は、妬みによって歪《ゆが》んでいた船頭の心を包み込み、まっすぐにした。

おだやかな心が、凍った心を溶かしたのです。

心がギスギスしている時、おだやかな笑顔のおおらかな人から温かい言葉をかけられると、スッと楽になる事があります。

良寛さんの域にはなかなかなれませんが、どんな時も、人に対して、おだやかな笑顔を向け、優しい言葉を投げかけられる人間になりたいものです。

参考『心に響いた珠玉のことば』小林正観著、KKベストセラーズ

1

そいつが何に腹を立てるかで、そいつの人間の器の大きさがわかる。

ウィンストン・チャーチル（イギリスの政治家）

2

真実の愛だけが、氷を溶かす。

映画『アナと雪の女王』より

※「氷」とは、「閉ざされた心」だったり、「こじれた人間関係」だったり…。それを溶かすのは「無条件の愛」なのですね。

3

行く先々で出会う皆さんの思いやりのおかげで、ものごとがいつもうまく進んでいます。

ヘレン・ケラー（教育家・社会福祉事業家）

※いやいや、ヘレンさん。ものごとがうまく進むのは、きっと、あなたの「和顔愛語」のたまものです。

4

「世の中で自分が必要とされたい」って思ったら、まず笑え。

アントニオ猪木（プロレスラー・政治家）

5

怒りは、自分に盛る毒。

アメリカ先住民・ホピ族の格言

（『アメリカ・インディアンの書物よりも賢い言葉』エリコ・ロウ著、扶桑社文庫より）

2

「変えられない事」に執着しない

海に落とされた松下幸之助

「川に落とされた良寛さん」のエピソードの次は、「海に落とされた松下幸之助」というお話。

ある日の事。

その日、船に乗っていた松下幸之助さん。とおりすがりの船員に、いきなり身体をぶつけられて、その船員もろとも海に落ちてしまいました。

驚いた幸之助さん、もがきにもがいて、ようやく水面に顔を出しましたが、船は遠くへ行ってしまいます。

「自分はこのまま死んでしまうのか……」

そんなふうに思いながらも、手足をバタバタさせているうち、事態に気がついた船が戻ってきてくれたのです。

ようやく海から引き上げられた幸之助さん。

普通なら、自分にぶつかってしまった船員に文句のひとつも言うところでしょう。

しかし、幸之助さんは、別に気にする様子もなく、それどころか、**「今が夏でよかった、冬だったら助からなかっただろう」**と、自分の運の強さを感じたのだそうです。

すでに起こってしまった事は、とやかく文句を言っても変える事はできません。

ならば、気にせず、次に向かった方が良い。

実に潔《いさぎよ》い考え方です。

さて。

松下幸之助のお次は、国民的タレント、タモさんことタモリのエピソード。

彼が所有している、伊豆の別荘に関する話です。

この別荘。

もともと、タモさんがその土地に生えていた10本の古い木を気に入って、土地を購入し、その10本の木を活かすように設計したものでした。

古い木を気に入って、それに合わせた別荘を建てるとは、いかにもタモさんらしい発想です。

さて。

ある時の事。

この別荘に、笑福亭鶴瓶師匠を招待する事にしたタモさん。

この古木の枝をきれいに剪定《せんてい》してもらおうと考えて、土地の管理人に「木を切っておいて」と依頼します。

当日。

鶴瓶師匠と共に別荘を訪れたタモさん。

そこで信じられない光景を目にします。

なんと、勘違いした管理人は、この10本の木をそのまま丸ごと全部切ってしまい、お気に入りだった古木は、すべて切り株だけになってしまっていたのです。

それを見たタモさん。

あっけらかんとした顔で、こうつぶやいたそうです。


「あ、切ったんだ」


事情を知って、驚いた鶴瓶師匠。

あまりにも落ち着いているタモさんに呆れながら「普通、怒るでしょ！」と突っ込みます。

その鶴瓶師匠に対して、タモさんはこう言ったそうです。


「切っちゃったもんは、しょうがない。キチンと説明しない自分が悪かった」

はい。

松下幸之助と同じ発想ですね。

もし、自分が怒る事で、10本の木がニョキニョキと復活するなら、いくらでも怒ったでしょう。

でも、切ってしまったものは、「しょうがない」。

明石家さんまに言わせると、タモさんの「切り替えの早さと引きずらない凄さ」は尋常ではないそうです。

芸人なら、番組で「前のコーナー」がウケなかったりすると、「次のコーナー」で取り返そうとしたりするのに、タモさんはいっさいそんな事を考えないのだとか。

さんま曰く。

「あのドライさはスゴイ。あの人にしか『いいとも』はできなかったと思います」

他人の過失や自分の失敗について、いくら腹を立てても、いくらクヨクヨしても、起こってしまった事は、もう変えようがありません。
怒ったり、後悔するヒマがあったら、とっとと、未来に向けた「次の行動」に移った方が賢い。

経営者とタレント。
立場は違いますが、「変えられない過去に執着しない」という同じ考え方を持っていたのですね。

参考『タモリ学』戸部田誠著、イースト・プレス

6

今日一日に最善を尽くす。

松下幸之助（経営者）

7

過去にこだわる者は、未来を失う。

ウィンストン・チャーチル（イギリスの政治家）

3

ヒトを動かす必殺技

徳川家康が家臣の心をつかんだ言葉

山岡荘八の大長編小説『徳川家康』にこんなシーンがあります。

家康が、長男の長松（＝のちの徳川秀忠）に、人の上に立つ者の心得を説くのですが、これがなかなか現代にも通じる真理ですのでご紹介します。

では、会話形式＆ダイジェストで。

家康「大将というものはな、敬《うやま》われているようで、家臣は絶えず落度《おちど》を探しているものじゃ。恐れられているようで侮《あなど》られ、親しまれているようで疎《うと》んじられ、好かれているようで憎まれている」

長松「……」

家康「したがって、家臣というものは禄（＝お金）でつないではならず、機嫌をとってはならず、遠ざけても近づけてもならず、怒らせてはならず、油断させてはならないものだ」

長松「では…、どうすればよろしいので？」

家康「惚《ほ》れさせることよ」

これは小説の中の話ですが、家康が残した『大将の戒め』の中に同様の記述があり、著者は、ここから2人の会話を創り出したのですね。

家康は幼くして今川義元のもとで人質として育ちました。

その今川義元が織田信長に討たれ、晴れて、岡崎城に戻ったのは19歳の時。

この、お城に戻った時、実に苦労人の家康らしいエピソードが残っています。

家臣たちにしてみれば、幼くして人質となり、ずっと領地を離れていた若殿が、自分たちにどんな言葉をかけてくるのか、とても不安でした。

「もしかしたら、長年の怒りをぶつけてくるのでは…？」

そう考えていた家臣も多かったのです。

ところが。

家臣たちの前に出てきた家康はこう言ったのです。

「私がいたらぬばかりに、おまえたちには長い間苦労をかけた。今までよく耐えてくれた。これからはどうか私を支えていって欲しい」

この言葉を聞いた家臣たちは、涙が止まらなかったそうです。

家康は、初対面にして、家臣たちに「惚れさせて」しまったのですね。

家康は「1人の人間の力には限界がある」と考える人だったそうです。

大きな事を成すには「たくさんの人間の力を足していく、あるいは掛け算をしていく事」が大切だと考えていました。

つまり、チームワークですね。
何よりも家臣を大切にしたのも、そんな考えがバックボーンにあったからなので
しょう。
ある時、権力の絶頂期にあった秀吉が、己の力を見せつけようとして、家康に、
自分の財宝を披露した事があったそうです。
金銀財宝を見せられた家康は、しきりに感心するばかり。
調子に乗った秀吉は、「家康どのは、どのような財宝をお持ちかな?」と水を向
けます。
すると、家康は、物おじする事なく、こう答えたそうです。
「私は貧乏な地方の大名ですから、このような財宝は持っておりませぬ。ですが、私のためなら命を惜しまない旗本が1万騎ほど、おりまする」
この言葉を聞いた秀吉は、恥じ入ると共に、「家康、あなどり難し」の思いを強
くしたという話です。

人の上に立つ者は、どんな時も、「自分を支えてくれるヒトたち」の存在を忘れてはいけません。

いや。

人の上に立つ者だけではありません。

人は誰でも、誰かに支えられて生きています。

「自分を支えてくれるヒトたち」に、「自分に惚れてもらう」。

もし、本当に「惚れてもらう事」ができたら、これほどの強みはありません。

「カリスマ経営者」と呼ばれる人たちも、その多くは、一見、「ものすごくワガママ」なのですが、皆、従業員に「惚れられて」いました。

松下幸之助は、会社で散々に叱り飛ばした部下の後藤氏の自宅へ自ら電話をかけて、こんな事を言ったというエピソードが残っています。

「あっ、後藤君か、別に用事ないねん。気持ようやってるか。そうか、そりゃ結構や」

電話を受けた後藤さんは、「昨夜、こっぴどく叱られたモヤモヤが、一時にすっ飛んでしまった」そうです。

こんな細かな気づかいが、社員から「惚れられる」のですね。

あなたは、自分のために、「何でもするよ」と言ってくれるヒトを持っていますか？

参考『徳川家康』山岡荘八著、講談社

8

貴様、いい腕をしているな。今から私の部下になれ！

アニメ『攻殻機動隊S.A.C. 2nd GIG』より、ヒロインの「少佐」が、一流の腕を持つスナイパー（＝狙撃手）と対決した時に、そのスナイパーに言った言葉。
※このひと言で、この凄腕のスナイパーは、本当に「少佐」の部下になってしまいます。

4

お礼は「三度」で完成する

京都、三年坂の奇跡

かつて、私が体験した話。

私が、尊敬の想いを込めて「京都、三年坂の奇跡」と呼んでいる話です。

事の起こりは、もう、20年以上前にさかのぼります。

この時、私は夫婦で京都を旅行していて、突然、「お世話になっている人たちに、湯呑みを贈ろう」と考えたのです。

同じ湯呑みではなく、一人ひとりの個性に合わせた湯呑みを贈ったら面白いのではないか…。

そう考えて、三年坂を訪ねました。

京都の三年坂のあたりには、焼き物を売っているお店が軒《のき》を連ねています。

そこで1軒の焼き物屋に入り、10人分の湯呑みを選び始めたのです。

選び出すと目移りしてしまい、湯呑みを選ぶだけで1時間。

その配送手配に30分くらいかかってしまいました。

この1時間半の間、ずっとアドバイスをくれたのが、色白ぽっちゃりタイプの若い女性店員さんでした。

事情を説明すると、どの湯呑みにするかなかなか決まらない私たちに対してイヤな顔ひとつせず、湯呑みを選ぶたびに、「これはキープですね」と、ニコニコしながら、ずっと、お付き合いしてくれたのです。

それが、その年の11月の話。

翌年の正月には、その店員さんから、手書きのメッセージ入りの年賀状が届き、「さすが、京都の老舗《しにせ》は丁寧だねぇ」なんて思っていたのです。

驚いたのはその翌年、さらにその翌年にも年賀状が届いた事。

この店員さん、いったい、何人のお客に年賀状を書いているのだろう…と他人事ながら心配になってしまったものです。

店で買い物をしてから3年後。

再び夫婦で京都を訪れた時、そのお店に行ってみました。

売り場を見回しましたが、それらしき人はいない…というより、もう顔もよく覚えていません。

あきらめて、焼き物のコーヒーカップを見ていた時。

「あの〜」と声をかけてくる女性が。

「もし、間違っていたらごめんなさい。何年か前に、当店で湯呑みをお買いあげいただいた事がございませんでしたか…」

顔を見てこっちの記憶も蘇りました。

しかし、それにしても、すごい…。

3年前、1時間半接客をしただけの相手を覚えていられるものなのでしょうか。

いや、接客のプロですから顔だけなら覚えているでしょう。

でも、湯呑みを買った事まで覚えているとは…。
少なくとも私には無理。
他のお客とごっちゃになってしまいます。

銀座のクラブのママであり、企業でマナーや接客のセミナーを開催する事もある
日高利美さんは、お店のスタッフに「お礼は三度」と教えているそうです。

例えば、お店の常連客に食事をご馳走《ちそう》になった時。
一度目は、その場でお礼を言う。
二度目は、その日のうちか、翌日には電話かメールでお礼を伝える。

そして、三度目。
これがなかなか難しいのですが…。
三度目は、「次に会った時」にお礼を言うのです。

もし、3年ぶりに訪れたお店で、「あら、○○さんお久しぶり、3年前はうなぎをご馳走になってありがとうございました」と言われたら、「おっ、すごいな」と思いますよね。

めったに食事をご馳走になる機会がなければ覚えていられても、人気のある子だと、しょっちゅう常連さんにご馳走になります。

それをいちいち記憶して、次にそのお客が来た時の第一声でお礼を言うのですから至難の業です。

だって、うなぎをご馳走してくれた相手に、お寿司のお礼を言ってしまったら、かえって失礼になってしまいますから…。

一流のお店はお客も一流なので、お客の方は「ご馳走した事」をすっかり忘れていても、お礼を言われれば、悪い気はしない。

高いハードルをクリアして、「次に会った時」にちゃんとお礼を言えるかどうかが、お客から人気が出るかどうかの分かれ目のひとつなのです。

「次に会った時にお礼を言う」

何も客商売だけでなく、世の中全般で使えるワザですね。

「次に会った時」が3年後だったにもかかわらず、私たちに声をかけてきて驚かせてくれた件《くだん》の女性店員さん。

その後、5年間にわたって年賀状をくださいましたが、「お店を変わる事になりました」という文面を最後に届かなくなりました。

最後の年賀状は、探せば出てきます。

新しいお店の住所も書いてありましたから、今度、店を訪ねて、店員さんの記憶力の限界を試してみたいと思います。

参考『99%の新人が3ヶ月で知性と気配りを身につける銀座の教え』日高利美著、クロスメディア・パブリッシング

9.

「おっ、あなたはたしか、何かの時に会った、誰かじゃないか」

何かの小説で読んだ言い回し
※結局、何ひとつ覚えていないじゃん！

5

「心からの謝罪」の力

アイム・ソーリー法

アメリカには、「アイム・ソーリー法」という名前の条例があるそうです。

その誕生のきっかけになったのは、「1人の少女の死」でした。

1974年、マサチューセッツ州で、自転車に乗った16歳の少女が車にはねられて亡くなります。

少女を死亡させてしまった運転手は、事故のあと、少女の父親から「ひと言でいいから謝って欲しい」と懇願されても、がんとして謝罪の言葉を言いません。

それもそのはず。もし、ひと言でも謝ってしまったら、それは自分の過失を認めた事になり、裁判では証拠として扱われてしまう。

「訴訟の国」アメリカならではの事情があったのです。

納得がいかないのは少女の父親です。

州の上院議員という立場だったこの父親。

「この国では、**わびる言葉さえ言う事ができないのか！**」と憤慨し、議会に「アイム・ソーリー法案」を提出します。


この法案は、長い審議の末、１９８６年に立法化。

「**過ちを犯した者が謝罪しても、その言葉は法廷で証拠として採用しない**」という事が認められたのです。

もちろん、対象となるのは、単純な謝罪の言葉だけ。

もし、「わき見運転をして申し訳ない」と言えば、それは証拠として採用されます。


この「アイム・ソーリー法」は、人々から、大いに歓迎されました。

その証拠に、マサチューセッツ州で誕生したこの条例は、その後、全米の各州に次々と広まっていき、40近くの州で採用される事になるのです。

この条例によって、精神的に救われたのは、医療関係者たちでした。

それまでは、たとえ医療ミスによって死亡事故が起こった場合でも、遺族に謝罪する事ができなかったものが、条例によって、謝る事ができるようになったのです。

心が救われたのは遺族たちも同じで、この法案が可決された州では、その後、医療ミスに関する訴訟の数が激減しました。

医療関係者は皆、自分たちのミスを謝りたかった。

そして、遺族は、ひと言でもいいから謝って欲しかったのです。

「謝罪」というと、よく、不祥事を起こした組織の幹部たちが、一列に並んで頭を下げるシーンが報道されますが、あれにはどうも「心」が感じられません。

私が尊敬するある経営者は、自社が地域の住民にちょっとした迷惑をかけてしまった不祥事についてインタビューされた時、沈痛な表情でたったひと言、「痛恨の極み！」としぼり出すように言っていました。

住民に迷惑をかけてしまった事に対する申し訳なさと悔しさが伝わってきて、これは、「カッコイイな」と思ったものです。

さて…。

私には「忘れられない謝罪の瞬間」を見てしまった思い出があります。

私が小学生だった時、クラスに1人の「独裁者」がいました。

クラスメイトを子分にしてパシリにし、下校の時には彼らを引き連れて帰る。

自分に逆らう者は、子分たちに「無視するように」命令をする。

映画化もされた藤子不二雄Aの名作漫画、『少年時代』に出てくるタケシのような存在ですね（って、わかりにくいたとえで申し訳ない！）。

ついでなので、この独裁者少年の仮の名前をタケシとしましょう。

ところが、クラスにもう1人、親分肌の生徒がいて、このタケシの横暴を知ると、タケシの子分たちの引き抜きを始めたのです。

内心、タケシの事を嫌っていた子分たちは、新しいリーダーの方になびきます。

そして。

今度は、新リーダーのもと、元子分たちによる、タケシへの「無視」が始まったのです。

タケシが「一緒に帰ろう」と誘っても誰も一緒に帰りません。

それどころか、ひと言も口をきかない。

そんな状態がしばらく続きました。


それは、ある日のホームルームの時間でした。

たぶん、クラスの傍観者たち（私もその1人）から事情を聞いたであろうクラスの担任が「擬似裁判」を行なったのです。

元子分だった生徒たちの一人ひとりに、「どうして、タケシ君を無視するのか」を証言させます。

次に、クラスの傍観者たちにも、客観的に見た経緯を証言させる。

そして、最後の最後に、元独裁者だったタケシに、「最後にタケシ君、何か言いたい事はありますか？」と発言を求めました。

立ち上がるタケシ。

しばらくの沈黙。

そして、突然、感極まった声でこう叫んだのです。

「みんな、オレとしゃべってよ!」

そう言うと、彼はその場で泣き崩れました。
これ以上ない、悲痛なまでの謝罪の瞬間です。

擬似裁判は、その謝罪で幕になりました。
そのホームルームが終わったすぐあと。
新リーダーが、タケシにこう言っているのを私は偶然耳にしました。

「一緒に帰ろうぜ」

心からの謝罪は、「すべての事を水に流す力」を持っているのです。

参考『笑える! 世界の七癖エピソード集』岡崎大五著、PHP新書

10

新しい国づくりのためには、「許し」が必要だ。

ネルソン・マンデラ（政治家）

11

誰かを傷つけたとわかったら、
まず先に謝る人になりましょう。
私たちには、許しあう事が必要だとわからなければ、
人を許すことはできません。

マザー・テレサ（修道女）

12

人付き合いがうまいというのは、「人を許せる」という事だ。

ロバート・フロスト（アメリカの詩人）

6

「粋《いき》」という潤滑油

秀吉のマツタケ狩り

人間関係をうまく進めようとした時、「粋《いき》」が潤滑油になる事があります。
特に、一方が少し上の立場である場合、「粋な気づかい」や「粋な計らい」があると、人間関係が円滑に進みます。

さて。
これからご紹介するのは、豊臣秀吉の有名なエピソード。
実話かどうか知りませんが「人たらし秀吉」の性格をよく表している話です。

ある秋の事。
「今年はマツタケが豊作」と聞いた秀吉は、家臣に「マツタケ狩りに行くぞ」と伝えます。

突然の関白殿下の思い付きにあわてたのは家臣たちです。

もう時期が遅く、マツタケはすっかり採りつくされたあとだったのです。

とは言え。

「今ごろノコノコと山へ行っても、マツタケなんて1本も残っておりませぬ」なんて事は口が裂けても言えません。

しかたなく、家臣たちはマツタケを買い集め、自分たちで山に植え直したのです。

さて。

マツタケ狩りの当日。

家臣と共に山へ出かけた秀吉は豊作のマツタケに上機嫌。

それはそうです。

何しろ、前の日に家臣たちが植えたばっかりですから。

釣り堀で「よく釣れるわい」と言っているようなもの。

何もかもがうまく行きかけていたのに、世の中には余計な事を言う人間がいるものです。

そのオッチョコチョイ、忠義ヅラをして、秀吉に「このマツタケは家臣たちが植え直したものです」と言ってしまった。

これは秀吉の雷が落ちる…と凍りつく家臣たち。

しかし。

秀吉は穏やかにこう言ったのです。

「わしは百姓の家に生まれた。だからこのマツタケが植え直されたものである事くらい、ひと目見ればわかる。わしの突然の思い付きのために、おまえたちが用意してくれたとわかったから黙っていたのだ」

そして、こう続けたのです。

「おまえたちの忠義、嬉しく思うぞ。このマツタケは、皆で分けるがよい」

さすがは秀吉、「天下の人たらし」。

わかっていながら騙されたフリをするところも、マツタケを皆に与えるところも「粋」です。


さて。

もうひとつ、私が大好きな「とても粋な熊手の話」。


ある料亭の女将と芸者さん、そして、なじみ客の若旦那が、新宿花園神社の「酉《とり》の市《いち》」へ行った時の話です。

その料亭では、酉の市で縁起物として売っている「熊手」を、常連客である若旦那が、料亭にプレゼントするのが、恒例になっていたのだそうです。

熊手を買う時には、お金を出してくれる若旦那のために、芸者さんたちが熊手屋さんを相手にして、「値切りの交渉」を始めます。

着飾った芸者たちとイナセな若旦那、そして、雰囲気のある料亭の女将という、ただでさえ人目を引く一行が熊手屋さんを相手に威勢よく値切るのですから、他の参拝客の注目の的。もはや、ひとつのショーですね。

値切られて少しずつ値を下げる熊手屋さん。「まだまだ！」とはやし立てる芸者さんたち。微笑みながらその様子を見ている若旦那。

そのうち、熊手屋さんが折れて「もういいや！　もってけ泥棒！」と言って手打ちになります。若旦那がお金を出して、熊手の代金を支払うのですが、粋なのは、ここからなのです。

料亭の女将さん、なんと、支払いの時、「ご祝儀《しゅうぎ》に」と言って、値切った分の金額と同額のお金を熊手屋さんへ渡すのです。

するとどうなるか。
若旦那は値切った金額しか出していませんから、少し得をしている。
若旦那のために頑張って値切った芸者さんたちも面目が立っている。
値切られた熊手屋さんも、値切られた分が戻るから損をしない。
ついでに、見物人たちも、威勢のよい「値切りショー」を楽しめた。

誰も損をしないで、「全員がハッピーになれた」というわけ。

これこそ「粋」の極み。

人間関係をハッピーにする、「粋な計らい」。
ポイントは、「ユーモア精神を忘れない」と「関わっている皆を幸せにする」という二つですね。

参考『ディズニーと三越で学んできた日本人にしかできない「気づかい」の習慣』
上田比呂志著、クロスメディア・パブリッシング

13

毛を吹いて疵《きず》を求む。

韓非子《かんぴし》(中国の思想家)

※これは、「家畜の身体にある毛に、わざわざ息を吹きかける事までして、身体のキズを探してはいけない」という教えです。つまり、ある程度の事は「大目に見る」のが良い、と韓非子は言っているのです。「野暮な事はやめなさい」って事です。

14

粗さがしをするより、改善策を見つけなさい。

ヘンリー・フォード(アメリカの企業家・自動車王)

※「原因」を探る事は大切。でも「粗さがし」は無意味。この「粗さがし」に命をかける人っていますが、本当に「野暮」ですよね。

7

「商売抜きの関係」が持つ力

ボス最後の日

これからお話しするのは、経営コンサルタントの中島孝志氏の著書に出てくる、「ある総合商社に勤める商社マンがアメリカに赴任していた時の体験談」です。

その商社マン。現地の大手企業に売り込みをかけていて、キーマンである「ボス」にアプローチを続けていました。

しかし、このボス、ライバル会社のA商事と取引を続けていて、なかなか商売の門戸を開いてくれなかったのです。

丸2年にもおよぶアプローチも虚しく、取引額は0円のままでした。

そんなある日の事。この「ボス」が、突然、退任するという朗報が入ります。

もし、あなたが、この商社マンだったら、どんな行動に出ますか？

「今まで買ってくれなかった天罰！　いい気味じゃ、ケケケ」と思って、さっそく後任者について調べ始めますか？

「ボス退任」という情報を知った、この商社マンが取った行動は、意外なものでした。なんと、彼は今日で退任になるという、この「ボス」を、飲みに誘ったのです。

恨みを晴らすため、その席で一服もって毒殺するのが目的…ではありません。

「今日で終わりらしいね。どうだ、飯でも食べないか？　ご馳走《ちそう》するよ」

「どういう意味だ。皮肉か？　オレはあんたに何もしてやらなかった男だぞ。あんなにたくさん注文を出してやったA商事ですら、手のひらを返したように何も言って来ないのに…。本気か？」

「ああ本気だ。理由は…そうだな、あれだけ売り込んでも、まったく折れなかったあなたに敬意を表したいというわけさ」

「OK、そういう事なら飲もう」

その日、酒場で飲む2人。

友達でも、商売相手でもない…思えば不思議な関係です。

その日の別れ際、「ボス」は商社マンにこんな事を言います。

「いい事を教えてやろう。オレの後任者は大学で同期だったヤツだ。ヤツは朝が早いんだ。転職初日の明日はとびっきり早く出社するだろう。このチャンスを逃がさない事だな。A商事から仕事を奪うなら明日の朝しかないぞ」

驚く商社マン。

「どうしてそんな事を私に?」

「今日は何だか、気分が良かったからさ…なんだ、困るのか?」

「とんでもない! サンキュー! ボス!」

帰宅後、商社マンは徹夜でプレゼン資料を作成し、ボスの言葉の通り、早朝に出社してきた新ボスをつかまえ、見事、契約を勝ち取ったのです。

それにしても、なぜ、ボスは商社マンに後任者の情報を教えたのでしょう。うがった見方をすれば、恩知らずのA商事にひと泡吹かせたかったのかも知れません。でも、一番大きかったのは、今後、利害関係が無くなる商社マンが、自分を飲みに誘ってくれた事が嬉しかったからではないでしょうか。

では、もうひとつ。今度は商社マンではなく、某外資系一流証券会社に勤めていた元証券マンが体験した実話です。

その元証券マン、入社して4年目にアメリカへ留学するため退社を決心します。しかし、彼には会社を辞める前にどうしても会っておきたいお客がいました。そのお客に対して、自分たちのチームは「完璧な仕事」をした自信がありました。にもかかわらず、最初の案件以降、新しい仕事の依頼がいっさいなかったのです。どうしてもその理由を知りたかった彼は、退職前に、そのお客である役員のもとを訪ね、初めてお茶を飲みながら雑談を交わします。

そして、自分がアメリカのビジネススクールへ合格して退職する報告をし、率直に、なぜ最初の案件のあと、新しい仕事を任せてもらえなかったかを聞いたのです。

「なぜだと思う」と役員。

「我々のチームは、(最初の仕事を)完璧にやりとげたつもりです。わかりません…」

この言葉を聞いた役員は、彼にこう言ったのです。

「君たちは、こうやって、お茶を飲みに来ないじゃないか。来る時は、目をドルマークにして用件だけ話してあっという間に帰っていく。それじゃ、信頼関係は結べないんだよ。日系の証券会社は、まめに僕のところに来て、仕事と関係ない雑談をして帰っていく。そうやって人間関係を築こうとする人にこそ大切な仕事を任せたいんだ。外資系の君たちは、きっと雑談なんて時間のムダだと思っているよね?」

この役員の言葉は、それまで効率第一で仕事をしてきた彼には衝撃的でした。

仕事において、効率や合理性以外にも大切なものがある事を学んだのです。

損得勘定が存在する時、人は心にもないお世辞を言うもの。

でも、「商売抜き」の関係は「ホンネの関係」。
そして、一見ムダに思える雑談が、信頼関係を築き、仕事につながっていく…。
放送作家・脚本家の小山薫堂氏はこんな事を言っています。

「自分のまわりに利害関係抜きのピュアなつながりをたくさん作ってみてください。計算ではなく、ただ、純粋に楽しさを共有できる仲間を大切にしてください。それが本当の意味の〝人脈〟だと思います。そして、チャンスは、そんなつながりの中から生まれると思います」

「成功者」と呼ばれる人たちの多くは、商売抜きの人間関係を大切にしています。
成功者たちは、そこから「新たな可能性」が生まれる事を知っているのです。

参考『巨万の富をつかむ　メモる技術』中島孝志著、マガジンハウス
『世界のエリートの「失敗力」』佐藤智恵著、ＰＨＰビジネス新書
『つながる技術』小山薫堂著、ＰＨＰ研究所

15

売るよりも
感動させる。

福島正伸（アントレプレナーセンター代表取締役・セミナー講師）
※「お金はあとからついてくる」ですね。

16

人を信じられなくなったら、子供の頃のピュアな気持ちを思い出してみる。
損得抜きで友達と付き合う事ができた純粋な心を。

美輪明宏（シンガーソングライター・俳優）

8

大切な物より、大切なもの

家宝の皿を割られた時に

古典落語に『厩火事《うまやかじ》』という噺《はなし》があります。

タイトルの元になっている「厩火事」とは、「馬屋の火事」の事。

「孔子が外出をしている時、家の者が馬屋から火を出してしまい、孔子が大切にしている馬を焼け死なせてしまった。しかし、帰って火事の話を聞いた孔子は、人の安否だけを心配し、全員が無事だと知ると、馬を死なせてしまった事にはひと言も触れなかった」という故事の事です。

孔子さん、さらに尊敬されてしまった…という話ですね。

『厩火事』の落語の主人公は、髪結《かみゆ》いをして亭主を食べさせているおかみさんです。

このおかみさん、人から、孔子のこのエピソードと、もうひとつ、「大切にしている瀬戸物を運んでいた奥さんが転んだ時、奥さんの身体ではなく瀬戸物ばかりを心配して離縁された男の話」を聞きます。

そして、いつも酒を飲んでいて、自分ばかりを働かせている亭主の「自分への愛情」を試そうと考えるのです。

家に帰ると、さっそく、亭主が大切にしている瀬戸物を、亭主のすぐ目の前で、わざと派手に割ってしまいます。

サゲの部分はこんな感じ。

ガシャーン

亭主　「おい、おっかぁ、でぇじょうぶか！　ケガはねぇか！」

おかみさん　「おまえさん、大切な瀬戸物より、やっぱりアタシの方を心配してくれるんだね！」

亭主　「あたぼうよ！　おめぇにケガされたら、明日っから、遊んで酒が飲めなくなる…」

…さて。

誰かに「自分が大切にしているものを壊されたり、捨てられたりした時」、自分がその人の事をどの程度大切に思っているかがわかります。

これは、ある頑固者のおじいさんの話。

その頑固じいさん。

若い頃に手に入れた掛け軸の絵を後生《ごしょう》大事にしていました。

ところがある日、久しぶりに箱から出して部屋で広げていた時、ちょっと目を離したスキに、遊びに来ていた幼い孫が、あろうことかクレヨンでその絵に落書きをしてしまいます。

それを見つけて怒鳴ろうとした瞬間、その孫がニコニコ笑いながら「ジイジ、ジイジ」と寄ってきた。

頑固じいさん、怒る気も消え失せて、思わず歩み寄ってきた孫を抱きしめてしまったそうです。
もう一瞬にして、掛け軸の絵なんて、どうでもよくなってしまったんですね。

次は、かつての会津《あいづ》の殿様、加藤嘉明《よしあきら》のエピソード。

若き日の嘉明公は、「手塩皿《てしおざら》」という10枚1組のお皿を家宝にし、大切な客をもてなす時に使うなど、それはそれは大切にしていました。

ところがある日。
このお皿のうちの1枚を、側近の若者が不注意から割ってしまったのです。
こういうものは、全部そろっていてこそ価値があるもの。
この家臣は、「これは打ち首になってもおかしくない」と覚悟を決めます。

しかし。

10枚1組のお皿のうち、1枚を家臣が割ってしまったと知った嘉明公は、意外な行動に出たのです。

あなたには、嘉明公が何をしたかわかりますか?

なんと、嘉明公。
残った9枚の皿も、その家臣の目の前で全部割ってしまったのです。
別に、ヤケを起こしたわけでも、気がフレたわけでもありません。
残りのお皿まで割った理由は、次のようなものでした。

「残りの皿をそのままにしていたら、この皿が使われるたびに、おまえはその内の1枚を自分が割ってしまった事を思い出すし、まわりもおまえを白い目で見てしまうだろう。ならば、いっそ、すべて無くしておいた方が良い」

そう言って、笑って許したというのです。

名君ですね。

人の上に立つ人には、これくらいの器の大きさがあって欲しい。

自分よりも弱い立場の人間の過失を笑って許せる度量。

自分にとって、本当に大切なモノは、「家宝」ではないと心得ているのですね。

こんな殿様のためなら、家臣は喜んで、命だって差し出します。

お皿を割ったお菊を責め殺した、怪談「番町皿屋敷《ばんちょうさらやしき》」の青山播磨《あおやまはりま》に聞かせたい話です。

あなたには、「自分が大切にしている宝物」を壊されたり、なくされたりした時、笑って許せる、「大切な物よりも、大切な人」がいますか？

参考『寝る前に読んでください。』佐藤光浩著、アルファポリス文庫

17

大将たるもの、家臣に慈悲の心をもって接することが重要だ。

武田信玄（戦国武将）

9

「本気」で教えてくれる人

タバコを吸っている生徒に伝説の教師がやった事

歌手のさだまさしさんの著書に、さださんの恩師である「伝説の高校教師」の話が出てきます。

その教師は古文の先生。

「**学校は勉強しに来るところじゃない。勉強するための方法と手順を教わりに来るところだ。**本当の勉強は、学校を卒業してから、自分のために一生をかけてやるものだ」と、生徒たちに諭《さと》していたというのですからタダ者ではありません。

さて。

この先生。

タバコを吸っている生徒を見つけると、とんでもない方法でタバコをやめさせたそうです。

まず、喫煙した生徒たち全員を、次の日曜日に自宅に呼び集めます。

まあ、自宅と言っても狭い四畳半なのですが、とにかく自分の部屋に全員を集合させる。そして、こっぴどく叱られるのだろうと思っている生徒たちに、こんな事を言うのです。

「あのなあ、規則は規則だ。ダメなものはダメなんだ。でもな、オレの前なら吸っていいから。その代わり、オレ以外の人間の前では吸うな」

あぜんとする生徒たち。

すると、この先生、おもむろに50本入りの缶ピースを出してきて、生徒たちの前にドンと置く。

そして、「さあ、吸え」と、耳を疑う事をおっしゃる。

そう言って、自分はプカプカと吸い始める。

さすがにタバコに手を出せない生徒たち。

「おいおい、何を遠慮しているんだ、さあ吸え」と先生。

しかたなくタバコを吸い始める生徒たち。

吸い終わると、また、次のタバコを手渡される。

タバコのわんこそば状態…。

何しろ狭い四畳半でプカプカやっていますから、そのうち、気分が悪くなってトイレに吐きに行く生徒も出てくる。

吐いて部屋に戻ると、先生はニコニコしながら「さあ、吸え」とタバコを差し出してくる…。

これ、もう、地獄です。

で、最後に「オレの前ではいくら吸ってもいいからな。来週の日曜日も午後1時にまた来い。好きなだけ吸わせてやるから」と、とんでもない事を言う。

次の日曜日。

無理やり先生の部屋へ呼ばれた彼らは、またしても、閉めきった四畳半で缶ピースを吸わされる。別れぎわには、「次の日曜日もまた来いよ」。

3週目。

とうとう、生徒たちから泣きが入りました。

「もう、二度とタバコは吸わないから許してください」

「そんな水くさいこと言うな。タバコなんて簡単にやめられるわけがないだろう。これからも毎週オレの家に来い」

こう言われた生徒たち。とうとう「本当に馬鹿な事をしました。もうしません」と、心の底からわびを入れたのです。

その言葉を聞いた伝説の教師はこう言ったそうです。

「いいか。おかしな決まりだと思っても決まりは決まりだ。20歳までは吸うな。どうしても吸いたくなったら1週間我慢すれば、オレが吸わせてやるから。いいか、わかったな」

これ以来、この生徒たちはキッパリと喫煙をやめたのだそうです。

ハチャメチャですが、いい話です。

ふた昔前くらいまでは、生徒と本気で向き合う、こんなユニークな先生が結構いました。

でも。

今は、そんな先生はとても少ない。

そもそも、この先生のような指導方法が許されない世の中になってしまいました。

この先生がやった事は、もし、今だったら、きっと大問題になるでしょう。

生徒の1人がネットに書き込んで公《おおやけ》になってしまい、新聞に「高校教師、学生を監禁して喫煙を強要」と出るかも知れない。

懲戒免職はまぬがれませんね。


生徒たちに無理やりタバコを吸わせる事は、それだけを取れば、たしかに悪い事かも知れません。しかし、この伝説の教師は、生徒たちと本気で向き合ってタバコをやめさせようとしただけの事。

それを杓子定規に罰するのは、何か大切なものを忘れている気がします。


今の日本の社会は、**大切なものを「忘れまくっている」**気がしてなりません。

こんな、型破りな先生の「ホンキで生徒と向き合っている話」が、三面記事ではなくて、「ユニークな美談」として新聞のコラムで取り上げられる…。

そんな、おおらかな社会の方が、すべてがうまくいく気がするのです。


参考『本気で言いたいことがある』さだまさし著、新潮新書

18

本気には本気で返す。それだけのことだ。

漫画『銀の匙』より、主人公の父親の言葉

※農業高校に通ううち、日本の農家の厳しい実態を知り、仲間のために「起業したい」と言い出す主人公。穴だらけのその起業プランを聞いて、厳しく批判した主人公の父親が主人公と別れたあとで母親へ言った言葉です。大人が、本気で若者に向き合っています。

19

答えが出るまで、そりゃあ時間がかかるかも知れませんが、しかし、我々教師が、体ごとぶつかっていけば、彼らは必ずわかってくれるんです。

ドラマ『三年B組金八先生2』第24話「卒業式前の暴力②」より、金八先生の言葉

※「他の生徒に悪影響を及ぼす不良生徒は切り捨てよ」という「腐ったミカンの方程式」に対する金八先生の訴え。このあと、「我々はミカンや機械を作ってるんじゃないんです！　我々は毎日人間を作ってるんです！」という言葉が続きます。

10

「自分のせい」で、うまくいく

全員が「悪人」の家

「全員が『悪人』の家」という話。

あるところに、「いつもケンカばかりしている一家」と「ぜんぜんケンカをしない一家」が隣り合って住んでいました。

ケンカばかりしている一家は、それはそれはつまらない事で毎日ケンカが絶えません。

例えば、床に置いてあった本に奥さんがつまずき、崩してしまったら…。

「ちょっと、誰よ、こんなところに本を積みっぱなしにして！」

「オレだ！　ああっ、せっかく順番通りに積んであったのにバラバラになってしまったじゃないか！　もう少し注意して歩かんか！」

「アンタがこんなところに本を積んでおくのがいけないんでしょう!」

と、あっという間にケンカになる。

そんな、「ケンカ一家」のダンナさん。

「いったい、隣りの家は、どうしてぜんぜんケンカをしないのだろう…」と不思議に思い、ある日、「仲良し一家」のダンナさんに聞いてみます。

「お宅はいつもニコニコとして、ぜんぜんケンカをしていないようですが、何か秘訣でもあるのですか?」

すると、「仲良し一家」のダンナさんから、耳を疑う返事が返ってきたのです。

「ウチは皆、悪い人間ばかりなので、ケンカにならないんですよ」

えっ? と思う「ケンカ一家」のダンナさん。

今のって、「良い人間ばかり」の言い間違いでは…?

不思議に思っていると、「仲良し一家」の家の中から、奥さんの声が聞こえてきます。

「あら、ごめんなさい。せっかく本が床に積んであったのに、つまずいて崩してしまいました」

それに対して、お姑《しゅうとめ》さんの声。

「私の方が悪かったわ。息子がこんなところに本を積んでいるから、片付けようと思っていたのに、つい、そのままにしていたのよ」

すると今度は、家の中へ向かって、ダンナさんが叫びます。

「いや〜、そんなところに本を積んでおいて、オレこそ悪かった。ケガは無かったか？　片付けるから、そのままにしておいてくれ」

この会話を聞いていた「ケンカ一家」のダンナさんは、すべてを理解しました。

「なるほど。仲良し一家では、みんなが『私が悪い、私が悪い』と言っている。たしかに全員が〈悪い人間〉だ。これは、たしかにケンカになるはずがない…」

この話は、あるお坊さんのたとえ話をもとに私がアレンジしたものです。

こんな考え方を皆がしていたら、たしかに争いにはならなそうです。

さて。

ひと昔前、中小企業の経営者たちに絶大な人気を誇った経営コンサルタントに、一倉定《いちくらさだむ》（１９１８年〜１９９９年）という方がいました。

数多くの倒産寸前の企業を立て直し、その厳しい指導ぶりから「炎のコンサルタント」という異名もあった方です。

その一倉氏が、「経営者の心得」として、よく言っていたユニークな言葉があります。

曰く。

「電信柱が高いのも、郵便ポストが赤いのも、すべて、自分が悪いと思いなさい」

つまり、経営者たるもの、たとえ、自分のせいであろうがなかろうが、自分が知っていた事であろうがなかろうが、すべての責任を負う覚悟を持てと言っているのです。

一倉氏の基本姿勢は、**「経営者たるもの、他人《ひと》のせいにするな、部下のせいにするな、環境のせいにするな」**でした。

ちょっと厳しく聞こえますが、「他人のせいにするな」「環境のせいにするな」って、何も経営者だけでなく、すべての人に当てはまる「教え」です。

経営者には「従業員の生活を守る」という責任がありますが、普通の人は、大げさに考えないで、さっきの「全員が『悪人』の家」のたとえ話のように、「たいがいは自分のせい」と習慣的に考えるようにすればいい。

「相手のせいにしないで、先に謝る」という習慣は、いろいろな場面で有効です。

喫茶店でアイスコーヒーを頼んだのにホットが運ばれてきたら、「もっとはっきりと注文すればよかったね、申し訳なかったね」。

部下がトンチンカンな書類を作成して持ってきたら、「もっとわかりやすく説明すればよかった。すまんな」。

常に、相手のせいにせず、自分のせいと考えて先手を打って謝ってしまう。

先に謝られると、相手は言い訳をする気が失せて、素直に謝ってくれます。

「こちらこそ、申し訳ありませんでした」と、すぐにアイスコーヒーを持ってきてくれたり、「すぐに作り直します」と、書類のやり直しを始めてくれるものです。

この、「先に謝ってしまう作戦」。

私も、生活のさまざまな場面で、時々、実行していますが、ものすごく効果があって、驚くほどです。


参考『光に向かって100の花束』高森顕徹著、1万年堂出版

20

優れた社長は、「うちの社員はよくやってくれる」と人に語り、能力のない社長ほど社員の無能さを他人にこぼす。

一倉定（経営コンサルタント）

21

景気が悪い、というのは自分が儲からない「原因」ではなく、みんな共通の「条件」なのだ。その条件をいかに克服するかが肝心なのである。

藤田田（日本マクドナルド創業者）

22

お手間を取らせてしまって、すみません。

ある老夫婦が、喫茶店で、空調がキツイ席から、違う席へ移動する時に、店員へ言った言葉。
※コウイウトシヨリニ、ワタシモナリタイ。

11

「感謝」に「感謝」で応える時

試合終了後のドラマ

スポーツを見ていて、最も「美しい」と思う光景。

それは、敗れた者が勝者を讃えている姿ではないでしょうか。

ほんの少しの差で負けた者が、自分に勝った相手に、負けた直後に握手を求めている姿。

これほど美しいものはないと思ってしまいます。

さて。

これからお話しするのは、2013年のワールド・ベースボール・クラシック（＝WBC）での裏話。

ツイッターなどで話題になりましたから、もしかしたらご存じかも知れませんが、とても胸を打たれましたのでご紹介します。

その感動的な場面が展開されたのは、3月8日に行なわれた、日本対台湾戦での事でした。

その日の試合は9回ツーアウトまで負けていた日本が奇跡的に同点に追いつき、延長戦に突入。

死闘の末、最後は日本チームが勝利をつかみました。

実にドラマチックな試合展開。

しかし。

そんな熱戦よりも、もっと感動的なドラマは、テレビ中継も終わった試合終了後に待っていたのです。

試合が終わったあと。

なぜか、台湾チームの選手たちが、ピッチャーが立つマウンドに集まります。

そして、全員が客席の方を向くと、スタンドのお客さんたちに向かって、深々と頭を下げたのです。

なんと、スタンドの日本人の観客全員に対して、「応援を感謝した」のです。

スタンドにいる台湾人のお客さんにではなく、日本人のお客さんたちに向かってです。

そして、気が付けば、台湾のファンが掲げた旗には、「日本おめでとう」の文字が。

勝利を目前にして涙を飲んだ、悔しい逆転負けのはずなのに、こんなにも感動的な敗者の姿があるでしょうか？

台湾チームが日本のファンに感謝したのには、こんな背景がありました。

日本対台湾戦を2日後に控えた3月6日。

1人の日本人が、ツイッターでこんなつぶやきをしたのです。

「WBC、日本の初戦は台湾に決定。この試合を応援に行かれる方、先般の東日本大震災への台湾からの多大な支援のお礼の横断幕やプラカードをお願いします。WBCを通じ、日本と台湾の信頼関係を深め、私達が本当に台湾に感謝している事を伝えてください」

あまり報道されませんでしたが、台湾はあの震災の時、200億円を超える義援金と400トンを超える援助物資を送ってくれました。

これは世界中で最も多い支援でした。

そして、震災の3日後には、28人もの援助隊を派遣してくれたのです。

ツイッターでのつぶやきは、「この時の支援へのお礼をしよう」という呼びかけだったのです。

このつぶやきは、瞬く間に日本中に広がりました。

それだけではありません。

翌日には中国語に翻訳され、台湾の人たちの間でも話題になっていったのです。


そして、試合の当日。

スタンドには「台湾に感謝」と書かれたたくさんのメッセージが…。

台湾チームの選手たちも、スタンドのこれらのプラカードを見て感動します。


試合はWBC史上に残るほどの名勝負。

正々堂々と、夜の11時半を超える熱戦を戦い抜いた選手たち。

その姿は本当に感動的でした。

しかし、試合終了後の台湾の選手たちの「スタンドを向いたお辞儀」は、そんな名勝負をも超えるほど感動的なシーンだったのです。


360度。

観客の全員へ向かって感謝の一礼をした台湾の選手たち。

その姿に、スタンドからも惜しみない拍手が贈られました。

よく、「スポーツで国際交流を」という言葉を聞きます。

でも、うっかりすると、つい勝負の勝ち負けにこだわってしまうもの。

この試合終了後の感動的なシーンは、そんな、「勝ち負け」を超えた、本当の交流の素晴らしさを教えてくれたのではないでしょうか。


「憎しみ」に「憎しみ」で応えても、何も生み出しません。

しかし。

「感謝」に「感謝」で応えると、そこには、とても大きな大切なものが生まれる。


その事に、改めて気付かせてもらう事ができました。

23

人間、感謝の心がないと、幸せにはなれません。感謝の心を持つから幸せになれるのであって、幸せになってから感謝しようというのでは、一生幸せになることはありません。

鍵山秀三郎（イエローハット創業者）

24

感謝は敵をつくらない。

福島正伸（アントレプレナーセンター代表取締役・セミナー講師）

「シゴト」について、大切な人に伝えたい11の物語

12

相手が望むアウトプット

ゴミ箱に捨てられた三谷幸喜の脚本

国民的テレビアニメの『サザエさん』。

今でこそ、ほのぼのホームドラマのタッチが確立されていますが、放送が始まった当時は、ギャグアニメと呼んでもよいほどラフな内容でした。サザエさんが空手（柔道だったかな？）を習いに行くなど、ドタバタ喜劇のような回もあったほどです。

そんな『サザエさん』の初期の頃。

今や超売れっ子の脚本家、三谷幸喜が、わずか3回だけですが、脚本を書いた事があります。

繰り返しますが、まだ、『サザエさん』がギャグに寛容だった時代です。

にも、かかわらず…。

三谷幸喜が書いた4本目の脚本を見たプロデューサーは、激怒したのだそうです。

彼がその時に書いた脚本のタイトルは『タラちゃん成長期』。
その内容は、なんと、タラちゃんが筋肉増強剤を使用して筋肉モリモリになり、オリンピックに出る、というもの。
もちろん、最後は「タラちゃんの夢だった…」というオチはつきます。

それでも、脚本を読んだプロデューサーは、三谷の目の前で、その台本をゴミ箱に投げ捨て、彼にこう言ったのです。

「君には、『サザエさん』の心がわかっていない」

そして、こう続けました。

「もう、来なくていい」

若き日の三谷幸喜は、たった1回の「夢オチ脚本」で、『サザエさん』の仕事を失ったのです。

この脚本。

たぶん、抱腹絶倒のデキだったに違いありません。

もし、アニメ化されてオンエアされていたら、私は腹を抱えて笑いころげた気がします。

作品そのものは、決して悪くなかったはずです。

でも。

明らかに『サザエさん』の世界観からは外れている。

どんなに作品として面白くても、**「プロデューサーが望む仕事」**ではなかったのです。

テレビタレントが、「テレビタレントとして生き残れるかどうか」のひとつの目安があります。

決して、「面白いコメントを言えるかどうか」ではありません。

まあ、面白い事が言えれば、「つまらない事しか言えないタレント」よりは、生き残れる可能性は高いとは思います。しかしそれよりも、「テレビタレントとして生き残るための目安」となる事。

それは。

「プロデューサーが望んでいるコメントを言えるかどうか」

プロデューサーが、「ここではこういうコメントが欲しい」と思った時に、的確に望んでいるコメントを言い、望んでいるリアクションが取れる。

そういうタレントは重宝されますから、次の番組でも声がかかります。

逆に「面白い事を言って目立たなくては」と考えて、1人でしゃべり続けるようなタレントや、ゲストの話を聞きたいのにジャマをするようなタレントは、どんなに面白い話をしても次にはお呼びがかかりません。

売れているタレントは、おバカな事ばかり言っているようで、ちゃんと、自分が前に出るタイミングをはかり、前に出ている時は、引き際を考えながらしゃべっているのです。

そう言えば、かつて、私がクイズ番組に出演した時、番組が始まる直前にスタッフから注意された事は、「司会者からの質問には、短くハッキリと答えてください」でしたっけ…。

素人に長々としゃべられたら、最悪ですからね。

以前に、ある「一般視聴者が出場するクイズ番組」に、某ベテラン俳優がゲストとして登場した時の事です。

ゲストが出演する映画について、司会者と少しおしゃべりをして、クイズに戻るはずが、そのベテラン俳優、何を勘違いしたのか、カットできない長い話（しかもちょっとHな話）を始めてしまい、スタジオ中が凍りついた事がありました。

今で言えば放送事故。

結局、その日の収録では、普段よりも大幅にクイズの出題数が減り、一般出場者が損をする事になってしまいました。このベテラン俳優は、番組を盛り上げようとして、自分の鉄板ネタを披露したつもりだったのでしょう。

でも、それは、三谷幸喜の『サザエさん』の脚本同様、**「相手から望まれるアウトプット」**ではなかった…。

自分のアウトプットする仕事が、相手が望むモノになっているかどうか。

それを忘れると、どんなにイイ仕事もゴミ箱行きなのです。


参考『三谷幸喜　創作を語る』三谷幸喜・松野大介著、講談社

25

期待に応えるという事ですよね。自分のやりたいものをやるんじゃなくて、他人《ひと》が自分にやって欲しいものをやるという事ですよね。

三谷幸喜（脚本家・映画監督）

※これ、某番組で「プロフェッショナルとは？」と聞かれた時の三谷幸喜の回答です。『サザエさん』の脚本で、学んだからこその言葉でしょうか…。

26

ファンが聴きたい曲をやる。

マイケル・ジャクソン（アーチスト）映画『THIS IS IT』より

13

心をつかむ「言葉」の第一条件

本多作左衛門の名コピー

徳川家康の家臣、本多作左衛門《ほんださくざえもん》のエピソードです。

本多作左衛門と言えば、戦地から「一筆啓上《いっぴつけいじょう》火の用心　おせん泣かすな　馬肥《うまこ》やせ」という簡潔な手紙を家族に送った事で有名。

「火事を出すな。長男の仙千代を頼む。あと、馬の世話もしっかりな」というのを、さささっと伝えている名文ですね。

この作左衛門さん。

ドラマや映画では、たいがい、おっかない顔をした役者が、豪快に演じています。

そのイメージ通り、本物の作左衛門さんも、気が短くて、怒らせるとコワイ事から、領民たちからは「鬼の作左《さくざ》」と呼ばれていたそうです。

ある日の事。

当時、「岡崎奉行」という役職にあった「作左さん」のもとに、「領民たちが高札《こうさつ》（＝法令などを書いて領民に知らせるための立札）に書いて知らせた法をぜんぜん守らない」という報告が入りました。

怒った作左さん、「その高札を引き抜いて持って来い！」と部下に命じます。

そして、高札をひと目見ただけで、即座に「これはダメだ！」

「漢字ばかりだ。これでは、領民は読めない。法を守らないのは何が書いてあるのかわからないからだ。全部、仮名で書こう！」

「法をすべて仮名で書くのか？」と同僚。

「そうだ」

「しかし、それでは法の重みがなくなるではないか」

「重みもヘチマもあるか！　法を守らせるためだ！」

戸惑う同僚の言葉も聞かず、作左さん、さっさと、部下に命じて、全部ひらがなに書き直させてしまいます。

そして、最後にひと言、次のような「殺し文句」を付け加えさせました。

「まもらないと　さくざがおこるぞ」

こう書き加えさせて、同僚たちに、「どうだ！」と得意げに胸を張ったというのですから、おっかないけれど、何ともお茶目な人だったのですね。

この高札を見た領民たちが、法を守るようになったのは言うまでもありません。

さて。

お次は「ユニセフ」の失敗談。

これは、ユニセフが、ルワンダの子供たちにワクチンを届けようという運動をした時の実話です。

ルワンダは貧しい国で、ワクチンの接種をすれば助かる子供たちが、それを受けられないために幼くして病で命を落とす悲劇が発生していました。

お金の面もそうですが、そもそも、「ワクチンを接種しておけば子供が助かる」という事実を親たちが知らない場合が多かった。

そこで、ユニセフは「子供たちにワクチンを！」という一大キャンペーンを行なったのです。

キャンペーンでは、ルワンダ語で「子供たちにワクチンを」と書かれたポスターを作成して、国内のあちこちに掲示しました。

このポスターには、「親子の写真」を入れて、視覚的にも「目を引くように」工夫したのです。

しかし。

ユニセフのもくろみは外れ、ポスターの効果はほとんどありませんでした…。

なぜ、効果がなかったかわかりますか？

そう。

理由は、本多作左衛門さんが「これはダメだ」と言った高札と同じ。

ルワンダの主婦の多くが、文字を読む事ができなかったのです。

当時のルワンダの女性の7割は文盲。

「文字が読めて当たり前」というのは、ユニセフ側の常識でしかありませんでした。

福沢諭吉は、文章を書くたびに、小学校も出ていない「家の手伝いの女性たち」にその文を読んで聞かせ、理解できるかどうかを確かめたそうです。

『学問のすゝめ』は、そうやって、誰にでもわかる言葉で書かれたから、「当時の日本人の10人に1人が読んだ」と言われるほどの大ベストセラーになったのですね。

いくら、偉い人が立派な文章を書いても。

いくら、お金をかけて、立派なポスターを作っても。

受け手が、その中身を理解できなければ、何の意味もありません。

ただの「押し売りのカラ回り」。

学歴が高くて、成績だけは良い人が陥りやすい落とし穴です。


話す時だって同じ。

相手の事を考えて、相手が理解できる言葉で話すのが、最低限のマナー。

一般の人に説明しているのに、つい、業界用語を使ってしまう専門家。

社外の人にプレゼンテーションしているのに、つい、自分の会社の社内用語を使ってしまう営業…。いますよね。


伝えたい事がある時、「ちゃんと相手に伝わるように考慮されているか」。

忘れてはいけないポイントです。


参考『文句なしに凄い！　ここまで「気がきく人」』山形琢也著、三笠書房

27

大工と話をする時は、大工の言葉を使え。

ソクラテス（古代ギリシアの哲学者）

28

コミュニケーションは受け手の言葉を使わなければ成立しない。受け手の経験に基づいた言葉を使わなければならない。

ドラッカー（オーストリア出身の経営学者）

29

頭のいいヤツは、わかりやすく話す。頭の悪いヤツほど、難しく話すんだよ。

赤塚不二夫（漫画家）

30

難しい事を、難しいまま言うヤツ。
あれ、馬鹿だよね。

タモリ（タレント）

※タモさんのこの名言。赤塚センセイの考え方にも影響されていたのかも知れませんね。

31

むずかしいことをやさしく、
やさしいことをふかく、
ふかいことをおもしろく、
おもしろいことをまじめに、
まじめにことをゆかいに、
そしてゆかいなことはあくまでゆかいに。

井上ひさし（作家）

※これは、私が文章を書く時、意識しようとしている言葉でもあります。

14

相手に合わせる事の意味

接待の時に飲むお酒の種類

場所は某カラオケ店。

30代の商社マンが、取引先の社長さんを接待しています。

この社長さん、中卒で、自分の学歴が低いというコンプレックスをバネに、苦労して会社を興して成功したタタキ上げの人物。

この日は、銀座でこの社長さんを接待し、カラオケに来るところまではうまくいっていました。

ところが。

自分が歌う事になったところで、この商社マン、あろう事か東京六大学のひとつである自分の出身大学の校歌を歌ってしまったのです。

学歴コンプレックスを持っている社長さんの目の前で。

しかも、ご丁寧に2番まで！

この接待のあと、社長さんから取引停止を言い渡されたそうです。

これは、銀座のクラブのママであり、接客や「デキる男」に関する本を数多く執筆されている、ますいさくらさんの著書に出てくる実話です。

この話。

タタキ上げの社長さんの了見が狭いという話ではありません。

社長にしてみれば、「自分をこんなに不愉快にさせるような気配りが足りない相手とお付き合いをしていたら、いつ自分のお客に失礼な事をされるかわからない」と考えての取引停止だと思うのです。

接待については、こんな話も聞いた事があります。

「デキる男は『接待の時に飲むお酒の種類』に共通点がある」

ビール、ウィスキー、ワイン、日本酒など、何でも選ぶ事ができる銀座のクラブ。もちろん、銀座御用達のドンペリ（＝高級シャンパン。銀座ではお客がお粗相をすると怒ったママが頼んでしまったりするらしい…）もあります。

さて、あなたには、「デキる男」が接待の時に飲むお酒の種類がわかりますか？

えっ？

「お客には、ドンペリや高級ワインを振る舞って、自分は定番のビール」ですって？

いやいや、違います。

接待の時に、「デキる男」が飲むお酒の種類。

それは…。

接待している相手と同じ種類のお酒。

接待相手がビールを飲めばビール。ワインを飲めばワインを飲む。

相手がビールを頼んでいるのに、「ボクはバーボンを」なんてやっているビジネスマンは「デキない男」なのですね。

相手より高いお酒はもちろん、相手より、明らかに安いお酒を頼むのもNG。ドンペリを飲んでいる目の前でビールを飲まれたら、接待される側も、居心地が悪いでしょう。

ますいさくらさんは、「たとえ下戸で、相手と同じものが飲めなくても、ノンアルコールビールを頼むなどして、一緒に飲んでいる雰囲気を出す方がよい」と言っています。

そもそも、人は、自分と共通点がある相手に親近感を覚えるもの。

ほら、同郷や出身校が同じ人とはすぐに打ち解けるではありませんか（＝「類似性の法則」）。

また、人は、自分と似たものを好ましく思います。

ペットが飼い主そっくりな事が多いのは、このためです。

「似ている」どころか、人は、自分と同じ仕草をしている人にさえ好感を覚えます。

だから、初デートでは、相手が取るポーズの真似をするのが効果的なのですね（＝「ミラーリング効果」）。

接待で、相手と同じ種類のお酒を飲む事は、この「類似性の法則」「ミラーリング効果」からも正しい選択と言えます。

では、最後にもうひとつ。

世界一のカリスマ講師と言われる事もあるジョン・C・マクスウェル氏の本に出てくる話。

あるアメリカ人が「世界市場でビジネスを進める上で、最も重要な言語は何か？」と日本人の企業幹部に聞いたのだそうです。

この質問をしたアメリカ人が想定していた「答え」は「英語」でした。

しかし、聞かれた日本人はぜんぜん違う回答をしてきた。

マクスウェル氏は、この日本人の企業幹部の回答を絶賛しているのですが、あなたには、このビジネスマンが何と回答したかわかりますか？

ここまで読んできたあなたなら即答ですね。

「世界市場でビジネスを進める上で、最も重要な言語は何か？」と聞かれた日本人の企業幹部は、こう回答したのです。

「もちろん、お客様が使っている言語です！」

接待も商売も、「常にお客様の目線で」。

そうすると、一番いい選択肢は自然とわかるのではないでしょうか？

参考『銀座ママが教える「できる男」「できない男」の見分け方』ますいさくら著、PHP文庫
『「つながり」力　結果が出せる人になる』ジョン・C・マクスウェル著、辰巳出版

32

現地の人が食べているものを食べる。

兼高かおる（ジャーナリスト）

※かつて『兼高かおる　世界の旅』という番組で、世界を回った彼女が、初めて行く場所で現地の人と仲良くなる方法として、挙げているのが、この名言。

33

地方で講演をする時は、最初にその土地の食べ物や名所を褒めてから本題に入る。

あるセミナー講師の言葉

34

郷土の皆さま方、お懐かしゅうございます。

林家こん平（落語家）

※人気番組『笑点』で、かつてのレギュラー林家こん平は、地方での収録の時は、大喜利での自己紹介で必ずこう言っていました。収録が高知なら、「高知で生まれ、チャーザー村で育ったこん平が、久々に皆様のもとに帰って参りました…」と続きます。次の週は、「第2のふるさとというのはありがたいものでございます。先ほどから、楽屋の方に、持ちきれないくらいのお土産をいただいております。この場を借りて厚く御礼を申し上げます。なお、私の帰りのカバンには、まだ、若干の余裕がございます…」と挨拶するのがパターン。現在は、弟子のたい平が、似たパターンの挨拶を受け継いでいます。

15 新任部長が最初に訪問した先

とある下戸の経営者のお話です。仮にMさんとしておきましょう。

お得意様との接待ではお酒はつきもの。

お客様にお酌をすれば、「ご返杯」されてしまいます。

それに対して、いちいち「下戸ですから」と断るのも野暮な話。

そこで、Mさん、なんと、宴会には「返杯係」をお供にして参加していたそうです。

宴会で、「まあ、Mサンも一杯」と返杯される時は、その「返杯係」が、Mさんに代わってそれを全部飲み干したという、コントのようなホントの話。

さて。

これからお話しするのは、この「Mさんの返杯係」だった人のエピソードです。

そうですね。

この方は、仮に名前を「酒田さん」としましょうか。

この酒田さんが、ある事業部の事業部長に就任した日の事。

事業部長の最初の仕事と言えば、お得意様への挨拶まわりです。

彼の秘書は、分刻みで、「お得意様まわり」のスケジュールを立てていました。

ところが。

秘書が作ったスケジュール表を見た酒田部長、「これはあとでいい」とひと言。

続けて「人事部長を呼んでくれへんか?」と言うではありませんか。

そして、呼ばれてやってきた人事部長に、こう聞いたのです。

「この事業部に入院している社員はおるか？」

突然の質問に戸惑いながらも答える人事部長。

「はい。５人おりますが、それが何か？」

「これからその社員たちを見舞いに行くで。車、用意してや」

この言葉を聞いて、あわてたのは秘書です。

「あの。お得意様の挨拶まわりを先に…」

しかし、この言葉に対して、酒田部長はこう言ったのです。

「それはあとや。わが社のために頑張って働いてくれている社員が入院しているんやで。新任の事業部長が最初に挨拶に行かなあかんのは、入院中の社員や！」

就任初日の新事業部長から訪問を受けた入院中の社員たちは、皆、大感激だったそうです。

そして、「退院したら、この部長のためにも、また頑張って働こう！」と思いを新たにしたのでした。

さすが、「返杯係」として、「名経営者」のすぐそばにいた人物。

「会社にとって、最も大切なのは従業員である」と、一本スジが通っています。

この酒田部長が着任したのち、彼が在任中のその事業部の成績は、すこぶる良かったという事です。

日本を代表するカリスマ経営者の1人、本田宗一郎は、社長を引退してから、全国に約700カ所あったホンダの工場や販売店のすべてを訪ねたそうです。

中には従業員が数人という小さな事業所もありましたが、それらも含めて全部をまわったのです。

その訪問の目的。

それはなんと、ホンダで働くすべての人にお礼を言いたかったから。

当時、神様のような存在だったカリスマ創業者は、何年もかけてすべての従業員に「ありがとう」と声をかけ、その一人ひとりと握手を交わしたのです。手が油まみれだと気付いた整備員が思わず手を引っ込めた時は、「その油まみれの手がいいんだ」と言って、両手で握手をしたという話も残っています。

本田宗一郎は、こんな事を言っています。

「握手すると、みんな泣くんだ。そして、その涙を見て、自分も泣くんだ」

現役時代、決して社長室を設けず、一般の従業員たちとの隔たりを持たなかった本田宗一郎。

この「握手行脚《あんぎゃ》」は、自分を支えてくれる従業員たちを「仲間」と考え、何よりも大切にしていた「思い」が伝わってくるエピソードです。

戦国の武将、武田信玄は、「人は城、人は石垣」という言葉を残しました。

この名言は、現代の企業にもそのまま通用する言葉です。

人をないがしろにする企業は、最後には必ず衰退する。

それは、「会社」が、結局は、一人ひとりの「人」の集まりである事に他ならないからです。

よく、会社員を、「歯車」などと表現しますが、どんなに複雑な機械も、歯車がひとつ欠ければ動かなくなります。もちろん、それは言葉のあやで、多少の社員がいなくなっても会社はビクともしません。

人を大胆に整理するリストラによって、「再生」している企業も確かにあります。でも。

私は、そんな「再生」は、「ウソっぱち」だと言いたい。

会社にとって…いや、あらゆる「組織」にとって、一番大切な財産は「人」に尽きるのです。

参考『京大・鎌田流　一生モノの時間術』鎌田浩毅著、東洋経済新報社

一番大切な人たち
新任部長が最初に訪問した先

35

優れた仕事をするためには、自分1人でやるよりも、
他人の助けを借りる方が、良いものができると悟った時、
その人は、偉大なる成長を遂げる。

アンドリュー・カーネギー（アメリカの実業家・鉄鋼王）

※本物のリーダーは、縁の下の力持ちの存在の大切さを知っています。

36

チームの中で、花形選手だけが力を発揮していても勝利は得られない。
本当に強いチームとは、
選手一人ひとりが最大限の力を発揮する組織の事なのだ。

ジーコ（元サッカー選手・監督）

16

「期待」の空回り

肩透かしの記者会見

以前に、秋元康氏がこんな事を言っていたのを、何かで読んだ事があります。

AKB48のメンバーの1人が、精神的にものすごく落ち込んでしまった時の事。

それを気にかけた秋元さんは、直接に励ますのも何なので、メールで励ます事にしたのですね。

表現に気をつかい、書き直しまでして、秋元さんにしては、結構、長めのちゃんとしたメッセージをメールしたそうです。

そうしたら、そのメンバーから、こんなメールが返ってきたのです。

「ラジャ」

なんともはや、拍子抜け。

メッセージを書いた時間を返せという感じです。

『大切なことに気づかせてくれる33の物語と90の名言』（ＰＨＰ文庫）の中でも、「究極のコーヒーと神様」というジョークを例にお話ししましたよね。

ほら、命を捨ててまで天国へ旅立ち、神様のために「究極のコーヒー」を淹《い》れた男が、神様から「ガッカリなひと言」をもらう…という話です。

あれも、「肩透かし」の話でした。

そう。

他人はあなたが思っているほど、あなたの事を気にかけてはいません。

「きっと、このメッセージに感激して、泣きながら返信してくるに違いない（秋元さんはそこまでは思わなかったと思いますが…)」

とか、

「この究極のコーヒーの味に感動してくれるに違いない」

など、

過度な期待をして事にあたると、とんだ「肩透かし」を食らってしまうものです。

リクルート社、NTTドコモを経て、現在は個人事務所を設立されている松永真理さん。

彼女の本に、「iモード」を開発した時の「記者会見事件」の話が出てきます。

当時、NTTドコモで「iモード」の開発に携わっていたスタッフたちは、彼女も含めて、皆、「世界に先駆けて、すごいものを作っている」という自負を持っていたそうです。

その自信作の記者会見です。

大勢の記者が訪れ、華々しく会見する、一世一代の晴れ舞台になるはずでした。

ところが。

記者会見の場にやってきたのは、専門紙の記者ばかり。

その人数は…。

7人！

松永さんたちは、「明日の朝刊、見てね。たぶん、トップニュースになるから」と、たくさんの人たちに予告をしていました。

それなのに…。

専門紙の記者、7人だけ！

翌日の新聞には、小さなベタ記事（＝新聞紙面の下の方に文字のみでまとめられた一段記事）が、申し訳程度に載っただけだったのです。

松永さんは、こう言っています。

「この時ほど、プライドを傷つけられたことはない。いきなり冷水を頭から浴びせられたような体験だった」

しかし、彼女たちは、引き下がりませんでした。

「大恥をかいたことで、ある種ふっ切れもした。小さな恥なら引き下がって諦めたかもしれないが、ここまできたら、何としてでも伝えたいという思いが募ってきた」

で、彼女たちはどうしたか。

何と、1回目の会見を「無かった事」にして、もう1回、記者会見を開いてしまったのです。

何だか、バラエティ番組で、ゲームに負けた人間が、土下座して「もう1回、お願いします！」と言う、「泣きのもう1回」のようですが…。

「（同じ製品で）2回も記者会見をするなんて、前例がない」とドン引きする関係者たちに、頭を下げて回り、本当に「泣きの2回目記者会見」を実現してしまったのですから、よほど、最初の記者会見が悔しかったのですね。

この話は、「入れ込み過ぎると肩透かしを食らう」という教訓から、さらに一歩進んで、**「肩透かしを食らっても、プライドと行動力があれば、リベンジできる」**という事を教えてくれます。

大切なのは「泣きのもう1回」をお願いするほど、「本気かどうか」ですね。

参考『シゴトのココロ』松永真理著、小学館文庫
『大切なことに気づかせてくれる33の物語と90の名言』西沢泰生著、ＰＨＰ文庫

37

プライドと高慢は違う。
薄っぺらな見栄でも意地でもなく
自分が自分らしくいられる勇気こそ
プライドと呼びたい。
できないことの言い訳になんか
まちがっても使って欲しくない。

松永真理（雑誌編集者・著作家）

38

何ごとも期待してはいけない。
愚かな人は、他人に期待し、頼りにするから、
恨んだり、怒ったりする。

吉田兼好『徒然草』第二百十一段より

39

力《りき》んで出るのはウンコだけ。

斎藤一人（実業家）
※「入れ込み過ぎはダメ」って事です。

17 相手を喜ばせるサプライズ

もらえなかったサインボール

株式会社イトーヨーカ堂の前社長である亀井淳《あつし》氏が、日本経済新聞夕刊の『こころの玉手箱』（2013年7月8日）に書かれたエッセイの中に出てくる話です。

亀井さんは、元プロ野球選手の金田正一氏と家族ぐるみの付き合いがあるのだそうです。

金田氏と言えば、日本のプロ野球でただ1人の400勝投手。

400勝をあげるためには、20勝を20年も続けなければならないわけで、いかにとんでもないピッチャーだったかがよくわかります。

これは亀井さんが、そんなプロ野球史上の大投手と、ミスタープロ野球とまで呼ばれたスーパースター、長嶋茂雄氏と一緒に食事をした時の出来事です。

2001年の2月。

亀井さんは、金田氏から「長嶋に会いに宮崎キャンプへ行こう」という誘いを受けます。

あとにして思えば、この年は長嶋さんが巨人軍の監督として過ごした最後の年。

この年以降は、終身名誉監督となり、翌年にはアテネオリンピック出場を目指す日本代表チームの監督に就任します。

これは、そんな、長嶋さんにとっても節目となる年の出来事でした。

さて。

レストランで、3人で食事をしている最中の事。

金田さんは、突然、長嶋さんからボールを受け取ると、そのボールにサラサラとサインをします。

そして、今度はそのボールを長嶋さんへ戻し、彼にもサインをさせます。

これはてっきり自分のためにしてくれていると思った亀井さん。

そのボールを金田さんが自分の上着のポケットにしまうのを見てガッカリします。

それはそうです。

名球会のドンともいうべき金田氏と、スーパースター長嶋氏の連名のサインボールなんて、たいへんな貴重品です。

はっきり言って家宝にしたいほどの逸品。

肩透かしを食らった亀井さんのガックリの大きさもよくわかります。

食事が終わると、金田さん、「ちょっと沖縄へ行ってくるよ」と言い残すと、さっさといなくなってしまいます。

一緒に東京に戻るのだと思っていた亀井さんは、ここでもガッカリ。

肩透かし2連発です。

さて。

そんな食事会から2週間後。

亀井さんは、食事会のお礼を兼ねて金田さんと東京で会います。

すると金田さん。

ポケットからスッと1つのボールを取り出し、亀井さんに手渡して、こう言ったのです。

「沖縄でキャンプ中の王にも書いてもらった」

そのボールはもちろん、食事会の時に肩透かしを食らったボールでした。金田氏は、亀井さんを驚かせようと、沖縄でキャンプ中の王貞治氏（当時、福岡ダイエーホークス監督）をわざわざ訪ね、サインを書いてもらってきていたのです。

金田正一、長嶋茂雄、王貞治という巨人の黄金時代を支えた3名が名を連ねるサインボールは巨人軍の関係者ですら「見た事がない」というほど貴重なもの。二つとない「サプライズなサインボール」をもらった亀井社長は、エッセイの中でこんな事を言っています。

「（金田氏は）『プロだ』と思った。期待を上回ることをさりげなく行う。人を喜ばせるために全力を尽くす。改めて自分の仕事に置き換えて考えてみた。お客様に期待以上のサプライズをお届けしているのか。サプライズとはど

のようなものなのか。お客様の立場でサプライズを考えているのか。
スーパースター3人連名のサインボールは小売業の原点も教えてくれている」

ベストセラー『100円のコーラを1000円で売る方法』の著者でオフィス永井代表の永井孝尚氏は、その著書の中で、この金田氏のサプライズエピソードを例に挙げ、こんな事を言っています。

顧客満足は次の式で表す事ができる。

顧客満足＝顧客が感じた価値―顧客の期待値

つまり、自分が期待していた以上の価値がないと、顧客は満足しないという事ですね。

自分の期待値と同じ価値を得られても、「そんなの当たり前」でオシマイというのですから商売というのはキビシイ…。

いや、「相手の期待を上回るサプライズ」は、何も「商売」の中だけの話ではありません。

私生活でも、ぜひ、実行したい。

相手が、「こうしてくれるだろうな」と思っているとしたら、その期待以上の事をして「サプライズ」を仕掛ける。

「誰かが幸せになれるサプライズ」を考えている時、「自分もまた幸せな気持ちになれる」というのは脳科学でも証明されている事実。

さあ、あなたもまわりの人たちに、どんどん「喜びのサプライズ」を仕掛けちゃいましょう！

参考『「戦略力」が身につく方法』永井孝尚著、PHPビジネス新書

40

期待値を圧倒的に上回る価値を顧客が感じた時に、サプライズが生まれる。プロは常にこれを実現しようと、全力を尽くしているのだ。

永井孝尚『「戦略力」が身につく方法』ＰＨＰビジネス新書より

41

120パーセントの良品を目指せ!

本田宗一郎(実業家・技術者)

18

「プロ」としての心がまえ

王監督を激怒させた言葉

世界のホームラン王と呼ばれた王貞治氏。

自分に対して厳しく、他人に対しては温厚。

長嶋サンと共に大人気だった頃、いつなんどき、ファンに取り囲まれても、快く対応し、何人からサインを求められても、そのすべてに応じたそうです。

そんな、人格者の王さんが、ある選手に激怒したという話があります。

王さんを激怒させた選手の名は、小久保裕紀。

それは、小久保選手が福岡ダイエーホークスに入団して2年目の事でした。

エラーした事について、試合後のインタビューで記者から質問された小久保は、ちょっとふてくされて、こう回答したのです。

「僕の力なんて、こんなものですよ」

その翌日。

この事を知った王監督は小久保を呼び出して、こう言います。

「これは本当にお前が言ったのか。もしそうなら、お前にはもう夢をかけられないし、ファンも裏切った事になる」

そして、こう続けたのです。

「プロとして二度とこんな発言をするな」

自分の「甘さ」を指摘された小久保は猛反省をします。

以来、自分から逃げる事がなくなり、チームの主砲へと成長。

キャプテンとして、チームをまとめる中心選手となっていったのです。

福岡ダイエーホークスの主砲として活躍した彼ですが、ケガをした事からジャイアンツに電撃トレード。

しかし、その後ふたたび、ホークスに戻ります。

彼が「出戻り」という形を取ってまで福岡に戻ったのは、尊敬する王監督を胴上げしたかったから…だったのです。


王監督が小久保に伝えたのは、プロとしての責任感でした。


人間ですから、たとえプロだろうとエラーはします。

それは仕方がない。

でも、そのエラーについて人から指摘を受けたくらいで、ふてくされた態度を取るのは、プロ野球選手として、いや、職業人として失格です。

余談ですが、私もかつて、会社で、ちょっとした「うっかりミス」をしてしまった時、当時の尊敬する上司から、こう言われた事があります。

「二度とうっかりミスはするな」

その上司がカッコよかったのは、そう言って私を叱った次の瞬間には、「ところで、さあ…」と、すぐに別の話を始めた事。

まさに、大人の叱り方。

クドクド話すのではなく、王監督のように、ズバリとひと言だけ伝えて、あとは本人に考えさせればいいのです。

大人が大人と話しているのですから。

プロとしての責任感に話を戻します。

NBAの元スーパースター、マイケル・ジョーダンは、記者から、「なぜ、体調不良の時でも試合に出場するのか?」と聞かれて、こう回答しています。

「スタジアムの中には、今日が最初で最後のNBAの観戦になる観客もいるはずだ」

そう。

お客さんはほとんどが彼を観に来ているんですね。

「自分を観に来てくれている」事を自覚し、その人たちに最高のパフォーマンスを観てもらうために努力を惜しまない。

それが、単なる「スター」と「スーパースター」の違いです。

王監督は、小久保にチームを…というよりプロ野球を背負って立つスーパースターに育って欲しかったのでしょう。

自分が長嶋と並ぶスーパースターで、子供たちのあこがれの的だったからこそ、小久保のプロらしくない対応を見過ごす事ができなかったのですね。

厳しい言葉は、まさに、期待の裏返し。
その事に気が付いて、自分を戒めた小久保もまた、素晴らしかった。
たったのひと言が、小久保に「プロの自覚」を芽生えさせたのです。

参考『「トップアスリート」名語録』桑原晃弥著、PHP文庫

42

敵と戦う時間は短い。
自分との戦いこそが明暗を分ける。

王貞治（元プロ野球選手・監督）
※王さん、自分に厳しいです。

43

私がプレーするのを見るのは、この1試合だけという子供もいる。
私には責任があるんだ。

ジョー・ディマジオ（伝説の大リーガー）

44

今日の試合を見に来てくれたお客さんの中には、一生のうちたった1回だけ見に来たという人が必ずいる。一生に一度だけ見に来てくれた人に、元気のない長嶋を見せたくない。調子のいい悪いはあるけれど、ダメならダメなりに、「あの時の長嶋の空振り三振は綺麗だった」と言ってもらえるようなフルスイングを心がけた。

長嶋茂雄（元プロ野球選手・監督）

※さだまさしさんとの対談での長嶋さんの言葉です。ディマジオも長嶋さんも言っている事はマイケル・ジョーダンと一緒。スーパースターには共通の認識…というか宿命のようです。

19

損して得を取る

「売りマス」と「買いマス」

長野や山梨に伝わる昔話です。

昔話風の口調でどうぞ。

昔むかし、ある村に「湊屋《みなとや》」という、商屋《あきないや》があったそうな。

何代も続いてきた老舗じゃったが、どうも最近、儲からん。

そこで老夫婦は、あるアイデアを思いついた。

米や味噌などを買ったり売ったりする時に使う計量枡《ます》。

この計量枡に、ほんの少し大きいものと小さいものを作り、大きい枡を「買い枡」として仕入れる時に、小さい枡を「売り枡」として売る時に使う事にしたんじゃ。

つまり、量をごまかして、仕入先から同じ金額で大目に仕入れ、お客には同じ金額で少なく売ろうと考えたのじゃな。

少しずつじゃが得をして、シメシメと思っておったのもつかの間。

「どうも、湊屋さんは勘定よりも多く品物を取られる。取引を控えた方がええ」

「なんだか、湊屋さんの商品は最近、盛りが少ない」

と、悪いウワサがすぐに広がり、店は余計に傾いてしもうた。

さて。

この店には1人のグータラ息子がおったが、ある日、この息子に嫁がやってきた。

実はこの嫁っこ、「湊屋ほどの商屋がつぶれるのは惜しい、私が嫁入りして立て直したい」と考えて嫁にきたのじゃった。

嫁入り後、とうとうある日、「売り枡」と「買い枡」の秘密を知った嫁は、なんと、この枡をまったく逆にして使う事にした。

つまり、**仕入れる時は、小さい枡を使って、仕入先を儲けさせ、売る時は大きい枡を使ってお客に得をさせるようにしたのじゃ。**

すると、

「最近、湊屋さんは、買った品物よりも余計に支払ってくれる」

「湊屋さんで買うと、品物の量が多くて得じゃや」

と、良いウワサはすぐに広がった。


「取引したい」という仕入先が、次々と良いものを安く売りに来る…。

店にはお客が行列を作る…。

あっという間に、店は立ち直って、商売繁盛になったという事じゃ。

メデタシ、メデタシ。


昔から、「損して得とれ」と言います。

この昔話に出てくる商屋は、最初、それとまったく逆の事をやってしまった。

目先のこすい儲けに目を奪われて、「負のスパイラル」に入ってしまったのですね。

まず、自分たちではなく、お客様を喜ばせる。

そうすれば。

「お金はあとからついてくる」

大成功をしている経営者は、皆、その事を知っています。

何かの本で、**「1億稼ぐのは簡単だ。100万人を喜ばせればいい」**というような意味の言葉を読んだ事があります。

とにかく、基本は「人に喜んでもらう」という事なのですね。

では、もうひとつ。

「儲け」について、大切な事に気付かせてくれる話。

経営コンサルタントの小宮一慶《かずよし》氏が、まだ、若手の銀行員だった時の事です。

バブルの全盛を少し過ぎた頃で、当時の小宮さんは、企業の合併や買収を行なうM&Aの仕事に携わり、上司の指示を仰ぎながら、企業の買収など、大きな案件を任せてもらっていたそうです。

そんなある日。

某お客様のM&Aの案件に携わっていた小宮さんは、ある情報を入手します。

その情報は、お客に開示すると、携わっているM&A案件が見送られる可能性があるマイナス情報でした。

お客に、その情報をすぐに開示するかどうか躊躇《ちゅうちょ》する小宮さん。

なぜなら、M&Aは「できてなんぼ」の手数料商売。

もし、案件を見送られると、銀行としては商売にならないからです。

小宮さんは、上司に、こう相談します。

「この情報の開示は、数日間、寝かせておいてもいいですか？」

小宮さんからの問いに対して、上司はこう答えたのだそうです。

「どうして？　小宮君、君はそこまでして金儲けしたいの？」

この言葉を聞いて、ハッとする小宮さん。

いつも「お客様のため」という気持ちで仕事をしていたつもりだったのに、いつの間にか「儲けたい」という思いの方が強くなっていた事に気付かされたのです。

松下幸之助や稲盛和夫など、名だたる経営者たちは商売繁盛の条件として、共通して**「私利私欲を抑えよ」**と言っています。

あなたの心の中の「売り枡」と「買い枡」は、ちゃんと、正しい使われ方をしていますか？

参考『ぶれない人』小宮一慶著、幻冬舎新書

45

「いくら儲けたい」の、「いくら儲けねばならん」のと、そんな横着な考えでは、人間生きてゆけるものではない。

豊田佐吉（発明家・実業家）

46

商いの極意は、お客様から信用されることだと言われている。
もちろん、信用は商売の基本だが、
さらに信用の上に「徳」が求められ、
お客様から尊敬されるという次元がある。

稲盛和夫（実業家）

20

真心のあるユーモア

値切るお客に伝説の販売員がやった事

かつて、「石ころでも売る男」と呼ばれ、東急ハンズで8年連続して「売上NO・1商品」を手掛けた伝説の販売員。

その名は、河瀬和幸。

現在は、そのノウハウを活かして、講演会を開催したり、独自の商品を開発して、自ら販売したりしているという河瀬さん。

私はこの河瀬さんと偶然に知り合いとなり、懇意にさせていただいています。

それで、ある時、一緒にお酒を飲んだ機会に、居酒屋のテーブルにあったありふれた灰皿（＝アルミニウム製の安物）を指さして、「例えば、この灰皿を、今、ここで私に売り込むとしたらどうしますか？」と無茶ブリをしてみました。

すると河瀬さん。

ニヤリと微笑んで「簡単です」とひと言。

そして、つぶやくような声でこう切り出したのです。

「あなた…、これをただの灰皿だと思っているでしょう…。でも、実はね…」

何より驚いたのは、河瀬さんの絶妙な声の大きさと間の取り方、そして、安心感と説得力が伝わってくる、その声そのものでした。

女優の小泉今日子さんの声は、聞いている人に安心感を与える声なのだそうですが、河瀬さんも、そんな「奇跡の声」の持ち主の1人なのかも知れません。

彼がこのあと、何と言って私に灰皿をアピールしたかは、の・ち・ほ・ど。

さて。

これからお話しするのは、この河瀬さんが書いた本に紹介されている「販売エピソード」の中で、とりわけ私が好きな話です。

あなたは、お店でモノを買う時に、値切った事があるでしょうか？

私も、家電量販店で「もう少し安くなりませんか…」と言う事があります。

でも、シャイでヨワヨワなので、店員に「新商品で、すでに限界まで下げさせていただいているんですよ」なんて言われようものなら、「そ、そうですよね、テヘッ」と、あっさり尻尾《しっぽ》を巻いてしまいます。

しかし、世の中は、私のようなチキンハートなお客ばかりではありません。

中には「値切り命」という人もいます。

そんなお客と対決する店員はたいへんでしょう。

いや、「値切る権限」を持っている店員ならまだいいのです。

河瀬さんの立場は、その日にやって来て、商品を売り尽くす「助っ人販売員」。

つまり、そもそも「値引き要求」に応える権限が与えられていない事が多い。

その日のお客は、どうしても値切りたいという信念を持っているようでした。

河瀬さんとしても、ちょっと安くしてあげればスンナリ買ってくれる事はわかっているのですが、その日の自分には値を下げる権限がない。

だからと言って、店の責任者に声をかけて、値引きの承認をいただくなど、「助っ人販売員」の名折れです。


もし、あなたが河瀬さんの立場なら、どうしますか?


えっ?

「上の者に聞いてきますと言って、一度その場を離れ、戻って来て『やっぱりダメでした』と伝える」ですって。

それだとお客にウソをつく事になってしまいますし、勘のイイお客には、きっと、ひとり芝居だとバレてしまうでしょう。


この時、河瀬さんが取った行動は、あまりにも突飛なものでした。

なんと河瀬さん、ポケットに手を入れてグーの形で取り出し、お客が値切ろうとしていた商品に、パッと「目に見えない何か」を乗せるようなしぐさをし、こう言ったのです。

「私の真心をプラスさせていただくという事で、何とかならないでしょうか？」

私は、この話を初めて読んだ時、正直、「そんな事で、お客が納得するはずがないじゃないか」と思ったものです。

でも、それは、「生きたお客を相手に販売員をやった事がない人間」の、勝手な思い込みでしかありませんでした。

実際、河瀬さんに、そのスットンキョウなパフォーマンスをやられたお客は、「兄ちゃん、面白いね～」と言って、値切るのをやめて定価で買っていってくださったのです。

この、一見、開き直りのようなパフォーマンス。

「値引きしてあげたいのは山々なのですが、申し訳ない！」という河瀬さんの思いがあふれ出ていたからこそ、お客に伝わるものがあったのではないでしょうか。

どうしても相手の要求を断らなければならない時、毅然《きぜん》とした中にも、人なつっこい笑顔とユーモアが欲しい。

お店にクレームを言う時や、無理を通して欲しい時も、笑顔で「ごめんなさいねぇ。ホント、お手間をかけてしまって申し訳ない」なんて笑顔で言うと、結構、面倒な事も引き受けてくれるものです。

さて。

先ほどの河瀬さんの灰皿のアピールはこう続きました。

「実はこれ、ただの灰皿ではなくて、（タバコを乗せる凹みにペンを乗せて）こんな事ができたり、（灰皿を頭に乗せて）こうやって被《かぶ》ったりもできるんですよ～」

そこのあなた、怒ってはいけません。

このお茶目さが、「売れる秘密」のひとつなのですね。

参考『また、売れちゃった！』河瀬和幸著、ダイヤモンド社

47

商品を売るためのたったひとつの条件は、「あなたから買いたい」「この会社に任せたい」と思っていただくこと。

高野登（元ザ・リッツ・カールトン・ホテル日本支社長／「人とホスピタリティ研究所」代表）

48

人生では、IQよりも、愛嬌の方が大切。

明石家さんま（タレント）

49

オレさ、人が面白いって言ってくれんなら、小便だって飲んじゃうよ。

赤塚不二夫（漫画家）

※このサービス精神！　生前の赤塚不二夫と関わった人で、彼の事を悪く言う人を、私は知らない。

50

玉ねぎは人を泣かせる事ができる。しかしながら、人を笑わせる事ができる野菜は、まだ発明されていない。

グルーチョ・マルクス（アメリカの喜劇俳優）

※この言葉の意味は、「人を泣かせるより、人を笑わせる方が難しい」という事。マルクス三兄弟として一世を風靡《ふうび》した喜劇俳優のグルーチョは、「悲劇より喜劇の方が難しい」と、喜劇を礼賛しているのですね。

河瀬さんのお茶目さのように、相手に笑ってもらえたら、勝ちなのです。

21

常に備えよ

「靴磨きの源ちゃん」の秘密

ボーイスカウトの「標語（＝モットー）」は「常に備えよ」なのだそうです。

これは、「心」「技」「体」の三つについて、「いつでも、社会や他人《ひと》の役に立てるように、準備をおこたらないようにしなさい」という意味。

ボーイスカウトの創始者、ロバート・ベーデン＝パウエル（イギリスの軍人。1857年〜1941年）の思いがこもった標語なのだとか。

さて。

これからお話しするのは、この「常に備えよ」という標語を実践している、ある

「靴磨きの名人」の話。

靴磨きの名人で、通称「靴磨きの源ちゃん」と呼ばれる人がいます。

本名は井上源太郎さん。

永田町のキャピトル東急ホテルの地下3階にあった店で、40年間にわたって、多くの政治家や有名人の靴を磨き続けてきた人です。

現在はホテルオークラで営業を続ける彼の靴磨きの腕は、まさに神業《かみわざ》。

「靴磨き」を勉強するために、源ちゃんに自分の靴を磨いてもらったある人は、その仕上がりの素晴らしさを見て、「腕前が違いすぎる。マネできない。勉強にならない」と舌を巻いたそうです。

彼は、政治家だけでなく、オードリー・ヘップバーンやマイケル・ジャクソンなど、世界的なスターの靴も磨いてきましたが、源ちゃんが磨いた靴を見たヘップバーンが「靴って、こんなに光るものなの？」と驚いたという話も残っています。

どうして、源ちゃんが磨いた靴は、そんなにも美しく光るのでしょう。

彼によれば、「神業」の秘密のひとつは「靴磨き用クリーム」なのだとか。

源ちゃんが使う靴クリームは数種類。

もちろん自分で各種のクリームを調合したオリジナルです。

理想のクリームを作る研究のために、各メーカーの靴クリームの成分分析を東京理科大学に依頼した事もあるそうです。

このクリームを、磨く靴の種類や革の状態、さらに季節やその日の湿度などを考えて使い分けている。

もちろん、源ちゃんの研究は、靴クリームにとどまりません。

なんと、彼。

研究のために、高級ブランドの靴を、惜しげもなく買っているのです。

銀座や赤坂の靴屋を見て回り、新しいブランド品の靴が輸入されていると見るや、それがどんなに高い靴でも、何の躊躇《ちゅうちょ》もなく購入する。

そして、家で磨いてみて、その靴の「革の性質」や「耐久性」などを確かめる。

どうやって磨くのが良いか徹底的に調べて、その靴に一番合ったクリームを決定する…。


兵法書の『孫子』に「敵を知り、己を知れば百戦危うからず」とありますが、源ちゃんがやっている事は、「靴」という「敵」を知るための「先行投資」です。


とは言え、靴磨きの料金はたかだか1000円前後。

たったそれだけのために、高級靴を買って研究するのですからすごい。

何しろ、研究したって、そのブランドの靴を磨く依頼があるかどうかもわからないのですから…。


源ちゃんの「備え」はそれだけではありません。

外国人のお客も多いので、英語はペラペラ。

なんと、フランス語でも会話ができるのです。

さらに、頼まれれば、靴の修理までやってしまう。

靴の修理の技術は、イギリスやイタリアの靴職人を訪ねて、「見よう見まねで覚えた」というのですから恐れ入ります。

「どうしてそこまでするの？」

ある人が源ちゃんに尋ねた時、彼はサラリとこう答えたそうです。

「まあ、プロだからね」

プロとしての誇りを持ち、どんなブランドの靴磨きの依頼が来ても大丈夫なように「常に備えて」いる源ちゃん。

備えが万全な「本物のプロ」は、無敵。

まさに「百戦危うからず」です。

源ちゃんのお店には、「プロの技」に惚れ込んだものの、なかなか来店できない常連客たちから、今日も、靴が送られてきます。

中には、わざわざ海外から「磨いてくれ！」と、送られてくる靴まであるのです。

「本物のプロ」には、黙っていても仕事が集まるのですね。

参考『サービスの達人たち』野地秩嘉《つねよし》著、新潮文庫

51

準備がすべてだと僕は思っている。
準備の段階で試合は始まっている。

本田圭佑（プロサッカー選手）

52

要するに、準備というのは、言い訳の材料となり得るものを排除していく、そのために考え得るすべてのことをこなしていく、という事。

イチロー（元・プロ野球選手）

22

自分を支えてくれる人への覚悟

「もちろんスタッフです」

映画や浪曲でお馴染みの清水次郎長《しみずのじろちょう》。

幕末から明治にかけて活躍した侠客《きょうかく》（＝任侠《にんきょう》の世界に生きた人）で、大政《おおまさ》、小政《こまさ》、森の石松などの子分を従え、東海道の広い範囲にわたって勢力があった大親分です。明治になってからは富士山のふもとの荒れ地を開墾したり、海運会社や英語の私塾を設立するなど、実業家でもありました。

この大親分に、ある時、勝海舟がこんな質問をしたそうです。

「次郎長さん、おまえさんには、自分のために命を投げ出す子分が何人くらいいるのかね？」

次郎長の度量を試すような、挑発的な質問です。

この質問に対する次郎長の答えは意外なものでした。

「そんな度胸のある子分は1人もおりません」

えっ？　となる勝海舟。

しかし、次郎長は、続けてこう言ったのです。

「ですがね。あっしは子分のためなら、いつでも命を捨てますよ」

この言葉を聞いた海舟は、思わずうなり、次郎長の器の大きさに感服します。

次郎長は、「自分のために子分に命を捨てさせるような事はしないが、その逆ならいつでも覚悟はできている」と言い切ったのですね。

カッコイイ…。

思わず「子分にしてください」と言ってしまいそうです。

では、「男っぷりのいい男」の次は、「男っぷりのいい女性」の話。

「歌舞伎町のジャンヌ・ダルク」と呼ばれる、あるホテルの女性支配人のエピソードです。

彼女の名は三輪康子。

某有名ホテルグループに属するホテルの支配人。

もともと、ホテルで働いた経験はなかったのですが、一般公募で採用され、新宿の歌舞伎町にあるホテルの支配人として配属されます。

出勤の初日。彼女はホテルの様子を見て、目を疑います。

ロビーにはヤクザたちがたむろし、水槽には覚せい剤を使ったあとの注射器がプカプカ浮かんでいる…。

もしドラマでこんな演出をしたら「ウソっぽすぎる」と言われそうな現場が、そこに現実として存在していたのです。

でも。

そこで働くスタッフたちは、とてもマジメでした。

三輪さんは、スタッフたちと協力して、「ヤクザの宿泊の徹底拒否」を進めます。

まだ、法律が厳しくなる前の歌舞伎町でのこの決断は、まさに命がけ。

それでも彼女は、毎日のように発生するクレームに対して、率先して立ち向かっていったのです。

やがて、その毅然《きぜん》とした態度がヤクザたちからも一目置かれるようになり、ホテルは健全な姿へと生まれ変わっていきました。

いや、健全どころか、所属するホテルグループの店舗の中で、ＭＶＰ（最優秀ホテル）として表彰されるまでになったのです。

クレームのたびに「**人気者だから。また呼ばれちゃった～**」とニコニコしながら現場に向かっていた三輪さんを、ホテルのスタッフたちは皆、心から信頼し、そして、慕いました。

ホテルがMVPに輝いた時は、スタッフも、三輪さんと共に泣いて喜んだのです。

そんな三輪さんに、ある日、お客から、こんなクレームがありました。

「お宅のガイジンがオレのものを盗んだ!」

部屋を清掃するスタッフの中にはアジアの国の人がいます。

その彼女たちが、自分のモノを盗んだというイチャモンです。

彼女たちは、里帰りすると何日もかけて「三輪さんが喜んでくれそうなお土産」をさがして買ってきてくれるようなスタッフです。

三輪さんは、彼女たちの誕生日から家族構成まで、すべてを知っています。

そんな、「家族のように信頼しているスタッフ」が、くだらない盗みなどしない事は、誰よりも三輪さんが信じている。

「お客様のお間違えではありませんでしょうか? 当ホテルには盗みを働く者など1人もおりません」

「お前、こっちは客だぞ！　そっちのガイジンと、お客と、どっちを信じるんだ！」

激怒するお客へ、三輪さんはこう言い切ったのです。

「もちろん、スタッフです。お客様」

次郎長さんといい、三輪さんといい、下の者から絶大な信頼を得る「本物のリーダー」は、自分を支えてくれる人間に対して、無条件で「覚悟」を決めているのです。

参考『日本一のクレーマー地帯で働く日本一の支配人』三輪康子著、ダイヤモンド社

53

「やさしさ」が、人を無敵にする事がある。

三輪康子（ホテル支配人）

※「怒鳴られたら、やさしさをひとつでも多く返す」がモットーという三輪さん。「怒り」に対して「優しさ」を武器にしているのですね。

54

信頼関係は自分自身の心の反映だ。
たとえ、自分が損をしたとしても、人を信じていく。
その中でしか、信頼関係は生まれない。

稲盛和夫（実業家）

55

「信用」するのではなく「信頼」するのだ。
「信頼」とは裏付けも担保もなく相手を信じること。
裏切られる可能性があっても相手を信じるのである。

アルフレッド・アドラー（オーストリア出身の心理学者）

56

人間の最大の武器は、習慣と信頼だ。

伊坂幸太郎原作の映画『ゴールデンスランバー』より、主人公のセリフ。
※裏切られ続けて窮地に追い込まれた主人公が、それでも選んだ武器は「信頼」でした。

「生き方」について、
大切な人に伝えたい
11の物語

23

「聞く事」の力

弟子を褒められた空海

空海。

ラーメン屋さんの屋号…ではなく、真言宗の開祖。

嵯峨天皇、橘 逸勢《たちばなのはやなり》と共に「三筆《さんぴつ》」と呼ばれた、今で言う「美文字」の達人。

中国に留学し、師匠に認められて、兄弟子たちをゴボウ抜きにして出世したエリート。

庶民のために、日本で最初の私立学校と言われる「綜芸種智院《しゅげいしゅちいん》」を設立したのも、実はこの空海です。

さて。

ある日、弟子たちと一緒にいる時に、ある人が空海にこう言いました。

「空海さんは、りっぱなお弟子さんをたくさんお持ちですね」

その言葉に対して、空海はこう答えます。

「どこに弟子がいますかな?」

そう言われた人は、んっ? と思います。

空海は、当然のような顔をして、こう続けたそうです。

「ここにいるのは、皆、私の師匠です」

うーむ。

カッコイイぞ、空海。

ひとかどの人物というのは、自分以外のすべての他人《ひと》が自分の「師匠」だという事を知っています。

だから、たとえ、自分の弟子だろうと、学ぶべきは学ぶという姿勢を持っている。

拙著『壁を越えられないときに教えてくれる一流の人のすごい考え方』（アスコム）でも紹介しましたが、将棋の故・米長邦雄氏が「どうしても届かない名人位」を獲得するために取った行動は、「それまでの将棋をすべて捨てて、若手の棋士にも教えを乞《こ》うて新しい将棋を身に付ける事」でした。

若手棋士に将棋を教えてもらうなど、当時、50歳近かった米長氏にとっては、一見、屈辱的な事のように思えますが、「本物の一流」であった彼にとっては、実は、何でもない事だったのかも知れません。

イチローがメジャーリーグに行って、驚いた事の1つ。

それは、「メジャーリーグの名選手たちが、何のてらいもなく、自分にバッティング技術について聞きに来る」という事でした。

メジャーリーグを代表するような一流プレイヤーが、「ヘイ、イチロー」というノリで打撃談議を仕掛けてくるのです。

先輩選手が、自分にバッティングについて聞きに来るなど、「日本ではあり得なかった」とイチロー。

これも、「本物の一流」は、自分以外の誰からでも、素直に学ぶ姿勢ができているという例です。

以前に、小山薫堂氏にお会いした時の事。

小山氏の著作を持参した私は、ずうずうしくも、その本へのサインをお願いしました。

その時、快くサインに応じてくださった小山氏に、私はさらにずうずうしく、「座右の銘も一緒にお願いします」とリクエスト。

それに対して、小山氏がサインに添えた言葉は次のようなものでした。

「坐辺師友《ざへんしゆう》」

これは、芸術家にして美食家として知られた、北大路魯山人《きたおおじろさんじん》のものと言われている言葉で、**「自分のまわりにあるすべてのものは、自分の師となり、また、友にもなる」**というような意味。

さすが、小山氏。

本書の「ボス最後の日」でも書きましたが、「人とのつながり」を重視する氏らしい言葉の選択です。

細菌学者の野口英世は、ブラジルへ渡った時、記者会見でこう言って現地の記者たちを驚かせています。

「私は教えに来たのではない。習いに来たのです」

この謙虚な姿勢は好感を持って受け入れられたそうです。

余談ですが、「習いに来た」と言った野口英世は、南米で多くの若い研究者たちを育成し、非常に感謝されました。

ブラジルやエクアドルには、「ノグチ・ヒデヨ通り」がありますし、各地に彼の胸像も残っています。また、アンデスの山の中には「ノグチ・ヒデヨ小学校」まであり、今でも学校行事の時は日本の国旗が掲げられているそうです。

南米で、いかに彼が感謝されたかが伝わってきます。

この野口英世にしても、弟子を師匠と言った空海にしても、イチローにバッティングについて聞きに来るメジャーリーガーにしても、成功者たちは皆、他人をすべて「師」と考える事のメリットを知っているのですね。

参考『壁を越えられないときに教えてくれる一流の人のすごい考え方』西沢泰生著、アスコム

57

学ぶ心さえあれば、万物すべてこれわが師である。

松下幸之助（経営者）

※『道をひらく』（ＰＨＰ研究所）にある、この松下幸之助の言葉は、氏が創立したＰＨＰ研究所が発刊するＰＨＰ新書のしおりにも印刷されています。

58

（バッティングのコツを）聞かれたら教えるのに、聞いてこないいんだからしょうがない。プロだから、自分から教えるというのも変だろ。

落合博満（元プロ野球選手・監督）

59

人から学ぼうとする人は、何からでも学べる。人に教えようとする人は、何も学べない。

武田鉄矢（俳優）

※「教える事は学ぶ事です」という言葉がありますが、あれは、他人に教えるためには、あいまいな点を確認したりして、本当に理解する必要があるし、教えると、自分がわかっていなかった部分にも気付く事ができるという効果がある…というような意味。金八先生…ではなく武田さんは、それはわかった上で、「安易な教えたがり」になるより、「人の話から学べ」と言っているのですね。

24

あなた色の人生

妖怪「ベキベキ男」

NHKの朝の連続テレビ小説。

第1作は1961年(昭和36年)の『娘と私』といいますから、60年近く続いているのですね。

あなたは、どんな作品が心に残っているでしょうか。

これは私の個人的な意見ですが、『おしん』のような感動路線よりは、『あまちゃん』のようなコメディ路線の方が好きです。

だって、悲しい話だったら、1日が暗いスタートになってしまうじゃありませんか。

さて。

コメディ路線の連続テレビ小説の中で、私の印象に残っているのは2000年（平成12年）に放送された、内館牧子さん脚本の『私の青空』という作品です。

青森県の大間《おおま》に住む、主人公のなずな（田畑智子）は、結婚式の日に、式場に突然現れた謎の女に新郎の健人（筒井道隆）を連れ去られてしまいます。

昔の映画、『卒業』のラストを思わせる、衝撃的な出だしです。

お腹の中に子供がいた彼女は出産してシングルマザーに。

月日が過ぎたある日、「東京で健人を見た」と聞いた彼女は、小学生に成長した子供の太陽クンを連れて上京。

そこには、ボクシングのチャンピオンを目指してジムに通う健人がいて…。

と、そんなお話。

式場から健人を連れて逃げた女性は、ボクシングジムの女性で、彼をチャンピオンにしたくて連れ出した事がわかり、なずなと健人の「つかず離れず」の物語がコメディタッチで描かれるのです。

このドラマをリアルタイムで観ていた私は、勝手に、「なずなと健人は、最後はヨリを戻して結婚し、一緒に大間に帰るのだろうな」と考えていました。

ところが…。

この2人、最後まで結婚しないのです。

NHKの連続テレビ小説史上、初めて、未婚の母（シングルマザー）を主人公にしたこの物語で内館牧子が言いたかった事。

それは…。

「人の数だけ人生の形があっていい」

という事だったのです。

シングルマザーだってイイ。

結婚しないで夢を追いかけたってイイ。

その人の人生なんだから、その人の好きに生きればイイ。

まわりに、とやかく言う資格なんてありません。

内館牧子は、実に156回をかけて、面白おかしい物語をつむぎながら、その真理を訴えたのです。

このドラマを観て、救われた人はたくさんいたのではないでしょうか。

人生のすべてがわかったような顔をして、

「結婚するベキ」とか、

「籍も入れずに子供だけ生むなんてやめるベキ」とか、

「無謀な挑戦はやめるベキ」とか、

「無難な会社に就職して働くベキ」など、

ふた言目には、「ベキベキ」と言ってくる、「妖怪ベキベキ男（女性の場合は妖怪ベッキーかな。ちょっと可愛い…）」が現れたら、「出たな妖怪！」と思って聞き流してしまいましょう。

ひとつ前の項目「弟子を褒められた空海」の中で、「まわりはすべて師」という話をしましたが、それは「何にでも学ぶべき点はある」という事。

自分の人生の生き方の最終決定権は、あなたが持っています。

一番気を付けなくてはならない「妖怪ベキベキ男」の必殺の殺し文句は、「オマエのためを思って、心を鬼にして言うんだけどな」という言い回し。

相手がこう言ってきたら、有り難く「参考意見」として聞くだけは聞いて、あくまでも「参考」にするだけにしましょう。

ただし、「なぜだめか」の具体的な理由や代案などを真剣に提示してくれる人は本気で親身になってくれているので、ちゃんと話を聞くのが礼儀です。

そうした意見を聞いた上で、最後の最後に、自分の人生を決めるのは、もちろん、あなた自身です。

人生の形に「正解」なんてない。
だから「不正解」もない。

挑戦したい事があれば、挑戦すればいい。
挑戦してダメだったら、笑い飛ばせばいいではありませんか。

人の数だけ人生がある。
あなたが、あなたの人生をどんな色に染めようと、それはあなたの自由です。

参考　ドラマ『私の青空』ＮＨＫ

60

「みんな一緒ですよ」と言う人には、近づくな。

千田琢哉（コンサルタント・著述家）

※人から悩みの相談を受けていて、「みんな一緒ですよ」とまとめる人には要注意。

61

人間をひとつの尺度で測ろうとする事には無理がある。「常識」とか「学問」は、その無理を正当化しようとする。

立川談志（落語家）

※従来の落語界のワクから飛び出して、「立川流家元」を名乗った談志らしい言葉です。

62

「君のためを思って言っているんだ」などと心配するフリして反対する人はやっかいです。自分の立場を正当化したいがために、あなたの挑戦の意欲を削ごうと全力で阻止するからです。相談者が自分より成功して羽ばたいていく、その結果、自分の元を去るのが怖くてたまらないのです。

松尾知枝（合コン総研アナリスト）『1時間の食事で男の器量は透けて見える』、宝島社より

63

人の世に、道はひとつという事はない。道は、百も千もある。

坂本龍馬（幕末の志士）

64

お前の道を進め！他人《ひと》には勝手な事を言わせておけ。

ダンテ（イタリアの詩人）

65

真ん中も右から見れば左。

鶴岡秀子（起業家）

※「伝説のホテル」作りを目指す起業家の鶴岡秀子さんが中学生の時に作ったという格言。テーブルの真ん中に置いたコップも、右側から見れば左にあるし、左側から見れば右にある。同じものでも、見る角度によって解釈は自由に選択できるという意味。

25

お金があると失うもの

銭ゲバの「幸せ」

私が好きなジョークです。

ある高級ホテル。大金持ちがフロントにやってきてこう言った。

大金持ち　一番安い部屋に泊まりたいんだが。

フロント　あなたの息子さんは、いつも一番高い部屋にご宿泊されていますが…。

大金持ち　ああ、あの男には大金持ちの父親がいてね…。だが、あいにく私にはいないんだ。

大金持ちの息子というのは、たいがい、遊んでいます（＝イメージ）。
古典落語でも、大家《たいけ》の若旦那は、ほとんどが怠け者で遊んでばかり（＝イメージ）。
どうも、大金持ちの息子がお金を湯水のように使って遊ぶのは、古今東西、時代を問わずのようです（＝あくまでもイメージ…しつこい）。

でも。

この「大金持ちの息子」たち。
果たして幸せなのでしょうか？

もしかしたら、すごく、やるせなかったのではないでしょうか？

「お金があって、ゼイタクができて、毎日、遊んでいられるなんて最高！」
…と、つい思ってしまいますが、そんな暮らし、1カ月もすれば、正直、飽きてしまいます。

もし、一生続くとしたら、それはそれで地獄かも知れない。

いくら美味しくても、朝昼晩とステーキは食べられません。

土日は、1週間に1回やってくるから有り難い。


『浮浪雲《はぐれぐも》』などの作品で知られる漫画家、ジョージ秋山に『銭ゲバ』という作品があります。

タイトルの「銭ゲバ」とは、ジョージ秋山が作った言葉で、まあ、「金のためならどんな事でもするヤツ」、難しく言えば「守銭奴《しゅせんど》」というような意味。


主人公の名は蒲郡風太郎《がまごおりふうたろう》。

人呼んで「銭ゲバ」。

彼の実家は貧乏で、病気の母親を医者に診せる事もできず、彼は幼い頃に母親を失います。

それがトラウマになって、「銭のためなら何でもするズラ!」という生き方を選んでしまうのです。

彼は、時には殺人まで犯して大金持ちへの階段を駆け上がっていきます。

この漫画が発表された当時、私はまだ小学生。
その壮絶なストーリーに圧倒されたのを覚えています。

ついに大金持ちになった「銭ゲバ」。
その彼に、ある日、新聞社から原稿の依頼があります。
タイトルは。

「人間の幸福について」

この原稿を書くうち、銭ゲバは、自分の人生を振り返ります。
そして、もし自分が普通のサラリーマンだったら…と想像するのです。
ボーナスの額に一喜一憂し、
会社の同僚と麻雀をし、

マイカーを買う事にドキドキし、

休日には家族とピクニックに出かける…。

そんな、「ありきたりな幸せ」に思いを馳《は》せるのです。

この壮絶な物語の最後の30ページは、「本当の幸せとは？」という作者からの問いかけでした。

小学生だった私は、『銭ゲバ』の、このラストの30ページで、「幸せの本質」を垣間見たのです。

何かの本で読みましたが、日本人に「いくら貯金があれば安心できるか？」と質問すると、多くの人が現在の貯金額の倍額を答えるのだそうです。

1000万円の貯金がある人は2000万円。

1000万円の貯金がある人は2000万円。

不思議なもので、1億円の貯金がある人でも、「もうケッコウ」とは言わないらしい…。

でも。

お金ばかりにとらわれると、「銭ゲバ」のように、悲しい人生を歩む事になりかねない。

「お金儲け」は決して悪い事ではありません。

でも、**お金との距離感が大切。**

あくまでお金は「使うもの」、お金に「使われて」はいけません。

くれぐれも、お金と自分の主従関係が逆転しないようにしたいものです。

参考『銭ゲバ』ジョージ秋山著、幻冬舎文庫

66

児孫のために美田を買わず。

西郷隆盛（軍人・政治家）

※「よい田畑を買うなどして財産を残すと、子孫は仕事もせずにのんきに過ごしてしまい、かえって子孫のためにならない」という意味。西郷さんは、子孫から「自分で成功する楽しみ」を奪ってはいけないと言いたかったのかも知れませんね。

67

財は人を迷わすもの。

尾崎紅葉（小説家）

68

金なんか望むな。倖《しあわ》せだけを見ろ。

倉本聰（脚本家）　ドラマ『北の国から　2002遺言』より

※主人公の五郎さんから息子と娘への「遺言」の一部です。

26

「お金」という名の魔物

先輩ジャーナリストが破り捨てたもの

あるプロスポーツの人気チームでは、選手たちに「宴席などでご馳走《ちそう》になる事」を一切禁止しているそうです。

理由は、ひと言で言えば「借りを作らない」ため。

例えば、料亭でご馳走になった相手から、「今度、○○選手のサインをもらってくれないか？」と頼まれたら、断りにくい。

他人から安易にご馳走になると、あちこちに「借り」ができて、結局は、本人の首が締まってしまうから、「ご馳走になるのは禁止」というわけです。

銀座の高級クラブのママ、ますいさくらさんの著書に、笑福亭鶴瓶師匠のエピソードが出ています。

何しろ鶴瓶師匠、「見間違えようがない」ほど、特徴的な顔と声の持ち主。

クラブで飲んでいても、とても目立ってしまいます。

すると、当然、「お近づきになりたい人」から、師匠の席に「シャンパンやワインの差し入れ」が入る事があります。

「あちらの席にこれを」というやつですね。

高級クラブのお客ですから、決して怪しげな人たちではありません。

それでも、鶴瓶師匠は、一切、そうした差し入れを受けないのだそうです。

ただ、断るだけではありません。師匠がすごいのはここから。

差し入れを断ったあとで、ニコニコしながらその席へ行って、こう言うのです。

「どうもありがとう。でも、ボクは芸人として自分のお金で飲む事に決めているんです」

そして、その席で握手をしたり、サインに応じたりとサービスをする。

お金に関する事は、キチッとしつつ、相手へのフォローも怠らない。

一流ですね。

お金は、たとえ少額でも、「魔物」です。

よく知った先輩が「今日はおごりだ！」と言っているのに断るのは野暮ですが、キッチリしておくに越した事はありません。


こんな話があります。

ある経営コンサルタントのもとに、知り合いの男性から相談の電話が入ります。喫茶店で会ってみると、「職を失ってしまい困っている。知り合いの企業関係者に自分を雇うように推薦してもらえないか」という話。

顔見知りの男性の窮地に、コンサルタントは、知り合いの社長あてに紹介状を書いてあげる約束をして、店を出ようとします。

その時。

相談を持ちかけてきたその男性が、喫茶店の伝票をコンサルタントの方に差し出し、「これ、お願いできますか?」と言ってきたのです。

コンサルタントは言います。

「職を失った彼が生活に苦しいのはわかる。しかし、相談があって呼び出した相手にお茶代を支払わせようとしてはいけない。たかが1000円かも知れないが、金額の問題ではない。そんな無神経な事をする人間を紹介したら、紹介した相手から、自分が信用を失ってしまいかねない」

結局、その男性の紹介状が書かれる事はありませんでした。オーバーに言えば、**彼はたった1000円をケチって、人生を棒に振ったの**です。

次は著作家の向谷匡史《むかいだにただし》氏が、まだ駆け出しのフリーライターだった頃に体験した、借金に関する、ちょっとニガイ経験。

向谷氏はその頃、すでに結婚をして子供も2人いたにもかかわらず、毎晩のようにネオン街で遊んでいたそうです。

ある年の暮れの事。

ざっと50万円程度のお金が必要になったのですが、あいにく来月まで原稿料の振り込みがない。

そこで彼は、いつも自分を可愛がってくれている先輩ジャーナリストのもとへ、安易に借金の申し込みに行ったのです。この先輩なら、50万円くらい気軽に、「ある時払いの催促なし」で貸してくれるはず…と何も疑っていませんでした。

ところがこの先輩、彼にピシャリと言ったのです。

「なんだ、その顔は。頼めば貸してくれると思って来たんだろうが、そういう安易な生き方がおまえの欠点だ。帰れ!」

とりつく島のない先輩の態度と言葉に、初めて自分の立場を思い知る向谷氏。

数日後、その先輩に電話をかけて、今度は必死で頼み込みます。

何とか了解を得て、勇んで出かけると、今度は「借用書は?」との言葉。

「金を借りる時は借用書を持ってくるものだ。名刺の裏でもいいから、とにかく一筆書け」と言われ、屈辱感を感じながら名刺に裏書きをする向谷氏…。
先輩は、それを受け取り、小さくうなずくと、なんと、その名刺を二つ、三つと小さくちぎって、灰皿の中に捨てながらこう言ったのです。

「いいか、世間は甘くないんだぞ」

そして、優しく微笑むと、「50万円は家に入れろ。これはお前にやる」と全部で70万円を手渡してくれたのだそうです。
先輩ジャーナリストが破り捨てたもの…。
それは、向谷氏の「お金に対する甘え」だったのです。

参考『銀座ママが教える「できる男」「できない男」の見分け方』ますいさくら著、PHP文庫
『成功する人だけが知っている「一万円」の使い方』向谷匡史著、草思社文庫

69

お金には「持つ人の品性を拡大して映し出す」という特性がある。

本田健（経営コンサルタント）

70

金は「よい召使い」だが、場合によっては「悪い主人」でもある。

フランシス・ベーコン（イギリスの哲学者）

27

生命線を他人にゆだねない

「ゴルゴ13」が握手をしない理由

さいとう・たかをの代表作『ゴルゴ13』。

いつも完璧に仕事をやり遂げるスナイパー（＝狙撃手）、ゴルゴ13ことデューク東郷を主人公とするこの作品。

初登場は1968年（昭和43年）といいますから、誰もが認める長寿漫画……いや、長寿劇画です。

私の知り合いにも「国際情勢はすべてゴルゴに教えてもらった」というゴルゴ崇拝者がいます。

実にコアなファンを獲得している作品なのです。

自分自身、いつ殺されるかわからないアブナイお仕事（＝殺し屋）のゴルゴさん。

身を守るために、「自分の後ろに人を立たせない」「仕事の交渉は、必ず依頼主本人とする」「依頼主とは一度しか会わない」など、いくつかのルールを自分に課しています。

そのルールのひとつが、「他人《ひと》と握手をしない」というもの。

ゴルゴさん、めでたく殺しのビジネスが成立しても依頼者と握手をしないのです。

なぜだか、わかりますか？

理由は、**「利き腕を他人にあずけるのを避けるため」**。

この事について、ゴルゴさんはこう言っています。

「〝利き腕〟を人にあずけるほど、俺は〝自信家〟じゃない……だから握手という習慣も……俺にはない」（第335話「天使と悪魔の〝腕〟」より）

だったら左手で握手すればいいのに…、という話は脇に置いておくとして、この、「一番大切なもの（＝自分の生命線）は他人にあずけない」という考え方。

人生においてもビジネスにおいても、とても重要ではないでしょうか。

聖書に出てくる怪力の持ち主サムソンも、美女デリラに、つい、自分の怪力の源が髪の毛である事を言ってしまい、眠っている間に髪を切られて窮地に陥りましたよね。

口が軽いぞ！　サムソン！

さて。

ここで、カリスマ講師のジョン・C・マクスウェル氏が、その著書の中で紹介しているジョークをご紹介しましょう。

少し長い話なので、ダイジェスト＆アレンジで…。

１９００年代のテキサスでの話。

メキシコとの国境近くで、銀行強盗を働くジョージ・ロドリゲスという男がいた。

彼はすご腕の強盗で、テキサスのレンジャー（＝保安部隊）では、特別チームまで作ってロドリゲスを探すほどだった。

ある日の夕方。

1人のレンジャーが偶然、酒場にいるロドリゲスを発見した。

忍び寄った彼は、ロドリゲスの頭に銃を突き付けてこう言った。

「さあ、銀行から盗んだ金のありかを吐くんだ。さもないと、脳天をぶち抜くぞ」

すべてを理解し、観念したロドリゲス。

だが、彼はスペイン語しか話せない。

何を言っても、レンジャーにはそれが伝わらない。

その時、1人の少年が近づいてきて、英語でこう言った。

「レンジャーさん、ボクが通訳しますよ、ボク、英語もスペイン語も両方話せるから」

うなずくレンジャー。

ロドリゲスに、レンジャーの「金のありかを吐かないと頭を撃ち抜く」という言葉を伝える少年。

ロドリゲスは緊張しながら少年にこう伝える。

「レンジャーの兄さんにこう伝えてくれ。金は1セントも使っていない。街の井戸に行って、北を向いて足元の石を数えろ。5番目の石の下に、金は、全部埋まっている」

それを聞いた少年。

レンジャーに向かってこう言った。

「レンジャーさん、彼はこう言っています。『ジョージ・ロドリゲスは勇敢な男だ。死ぬ覚悟はできている。さっさと頭を撃ち抜きやがれ』」

この話。
ジョン・C・マクスウェル氏は、「友人から聞いた話」として紹介していますが、どう考えてもよくできたジョークですね。
でも、このジョーク、「命にかかわる自分の『生命線』は他人にゆだねてはいけない」という教訓を示唆《しさ》している気がします。

自分の一番大切なものは、安易に他人にあずけない。

これさえ、忘れなければ、巧妙な詐欺に引っかかって、全財産を失うなども、避けられるはず。
どんなに信じている相手でも、他人である以上、渡していいものと、渡してはいけないものがあるのです。

参考『究極のビジネスマン　ゴルゴ13の仕事術』漆田公一&デューク東郷研究所著、祥伝社

71

ルパン！　切り札は最後まで取っておくものだ！

映画『ルパン三世　カリオストロの城』（宮崎駿監督）より、カリオストロ伯爵の言葉。

72

自分が、生きるためには大事なものはいつも身からはなさぬことですて…。例えば先生にとっては手術器具でしような…。

漫画『ブラック・ジャック』（手塚治虫著、秋田書店）、「ストラディバリウス」より、芸術家のモロゾフ氏の言葉。

28

「恩」に関する一流チェック

「恩を忘れる人」になりなさい

日本の親はよく、こんな事を子供に言います。

「人さまに迷惑をかけないようにしなさい」

でも。

インドの親は、子供にこう教えるのだそうです。

「お前は人に迷惑をかけて生きているのだから、人の事も許してあげなさい」

はい。

こっちは、「すでに迷惑をかけている」というのが前提なんですね。

たしかに「オレは誰にも迷惑なんぞかけてねぇ」なんて言っている人だって、赤ちゃんの時には、おしめを替えてもらっている。

すでに、迷惑をかけまくって育ってきたのです。


所詮、人は独りでは生きられない。

世の中は、持ちつ持たれつ。

そう思うと、インドの親の言葉の方が、すんなりと腑《ふ》に落ちます。

持ちつ持たれつの関係の中で、「受けたり」「売ったり」するものに「恩」があります。

ものの本によれば、「恩人」には三つのタイプがあるのだとか。

恩人のタイプ①

文字通り「自分を助けてくれた人」。

恩人のタイプ②

例えば、あなたの事を批判する相手。その人が批判してくれたおかげで、「誰も注意してくれなかった自分の欠点に気が付いた」など、「あとから思えばあの人のおかげだった」というのがこのタイプ。言わば、「マイナスの恩人」。

恩人のタイプ③

あなたの事を、「何の見返りも求めずに、こっそりと助けてくれる人」。

私がこの三つのタイプの恩人について読んだ本には、こう書かれていました。

「この三つのタイプの恩人のうち、タイプ③の恩人の存在に気が付き、恩に報いる事ができるかどうかで、あなたの人生は決まる」

分かれ道は、まず、タイプ③の恩人の存在に気が付けるかどうか。

二つ目には、この恩人たちの恩に報いられるかどうか。

ちなみに、この本によると、このタイプ③の人たちに報いるのに一番簡単な方法は、「手紙を書く」だそうです。

最後にもうひとつ、「恩」についての話。

『恩を忘れる人』になりなさい」という話です。

経営コンサルタントで、累計55万人ものビジネスパーソンと会ってきたという安田正氏の本に面白い話が出ていました。

「恩」についての「一流チェック」のような話です。

曰く。

「三流のビジネスマン」は、恩を受けて、人に借りを作っても、それを返さない。

耳が痛いですね。

お礼を言っただけでそのまま、というのは、よくあるのではないでしょうか。

「二流のビジネスマン」は、恩を受けて、人に借りを作ったら必ず返す。

恩を受けたら、ちゃんと覚えておいて、こっちからも必ず相手のために何か喜ぶ事などをして、「借り」を返す。

このように、「借りを必ず返して」やっと二流。

さて。

ここまで読んで、あなたには、「一流のビジネスマン」が恩を受けたら、どうするかわかりますか？

安田氏によれば、次のようなリアクションをするのが「一流」なのだそうです。

「一流のビジネスマン」は、恩を受けたら、2倍、3倍にして返す。

そして、自分が人に与えた「恩」については、ケロッと忘れる。

面白いのは、最後の「人に与えた『恩』はケロッと忘れる」という部分。

そう、この項のタイトルで言った、**「『恩を忘れる人』になりなさい」とは、「自**

分が人に与えた恩」の事なのです。

たしかに、「一流の人」って、他人にご馳走《ちそう》したりしても、翌日にはケロッと忘れています。

数日経って、トイレでバッタリ遭《あ》って、「この前はご馳走様でした」なんて言おうものなら、「んっ？　何だっけ？」と考え込まれてしまいます。

逆に、「二流の人」は、5年前にオゴッた1杯のコーヒーについて、「あの時、オゴってやったろ～」なんて、カビの生えた「恩」をずっと忘れないもの。

あなたはぜひ、人に与えた「恩」をケロッと忘れる人になってくださいね。

参考『年収1億を稼ぐ人、年収300万で終わる人』午堂登紀雄著、Gakken
『一流役員が実践している　仕事の流儀』安田正著、クロスメディア・パブリッシング

73

他人に恩恵を施す者は、隠れて行ないなさい。
他人に恩恵を受けた者は、それを皆に知らせなさい。

セネカ（古代ローマの哲学者）

74

施して報を願わず、
受けて恩を忘れず。

大隈重信（政治家・教育者）

※人に何かしてあげても「お返し」は期待しない。受けた恩は忘れてはいけない。鉄則通りの名言です。

29

「何もしない」という奥の手

手を触れずに胡桃《くるみ》の殻《から》を割る方法

中国での話。

ある時、思想家の老子のもとに1人の役人がやってきて、こんな事を相談したそうです。

「私は仕事で不手際をして、上役を怒らせてしまいました。もう出世の見込みは無くなりました。いや、出世どころか、もしかするとクビになるかも知れません。いったい、どうしたらよいでしょう？」

この悩みを聞くと、老子は、その役人を池へと連れて行きます。

そして、棒を手に取ると、その池の水をかき混ぜてこう言ったのです。

「ご覧なさい。今のあなたが置かれた状況は、かき回されて濁っている、この泥水のようなものです。この水は、かき混ぜれば、かき混ぜるほど、余計に濁ってしまう。しかし、**少しの間、放っておけば、また、もとの澄んだ水に戻る**」

つまり、老子は「しばらくはじっとして、必要以上に動き回らない事」と、役人に諭したわけです。

数日後。

その役人から、老子にこんな連絡がありました。

「私が失敗した件は、結局、おとがめなしという事で解決しました」

もし、この時、役人が下手な小細工をしていたら、事態は悪い方向へ進んだかも知れません。

トラブルやアクシデントに見舞われた時は、あわてて動くと取り返しのつかない結果になりかねません。

本当に動いた方が良いか。

動いた方が良いなら、どう動くのが最適か。

少し落ち着いて、全体を俯瞰《ふかん》し、しばらくは様子を見る…。

それもひとつの手なのです。

大惨事となった、かつての某ホテルの火災の時。

命からがら「生き残った人たち」の証言を再現ビデオにしたテレビ番組を観た事があります。

その中の1人のビジネスマンの行動はとても印象的でした。

そのビジネスマンは、夜中にホテルの部屋で目を覚ますと、すでに廊下側の扉の下から煙が部屋に入りつつあったのだそうです。

これはもう、建物に相当、火がまわっていると察した彼は、そこで意外な行動を取ります。

なんと。

タバコを一服したのです。

一刻も早く逃げなくてはならない事はわかっています。

でも、

逃げ方を間違えたら、命はありません。

彼は、すぐにでも逃げたい気持ちをグッとこらえて、間を取り、タバコを吸いながら、冷静に状況を分析して、自分が生き残る方法を考えたのです。

もし、ここで彼があわてて廊下側の扉を開いたりしていたら、一気に煙と火に包まれていたかも知れません。

この冷静な行動が、「ベランダに出て救助を待つ」という選択をさせて、命拾いにつながったのです。

さて。

突然ですが、クイズです。

【質問】

胡桃《くるみ》の殻《から》を、手を触れずに割るにはどうしたらよいでしょう？

えっ？

足で踏むですって？

ケガしますよ、あなた…。

実はこれ、「話し方」に関する本で読んだ「スピーチのネタ」を元にしたクイズ。

では、そろそろ答えです。

胡桃の殻を、手を触れずに割る方法。

それは…。

胡桃を地面に埋める。

土に埋めると、あら不思議。何日もしないうちに自然に殻が割れて地上に芽が出てきます。

スピーチでは、「どんなにカタい殻でも、本人に成長する気持ちがあれば、簡単に割る事ができる」というのが落としどころです。

これ、胡桃をアクシデントにたとえてもいいですよね。

凝り固まった問題でも、ヘタに手を出すより、やんわりと土に埋めてしばらく放っておくと、問題の方から勝手に殻を破って問題を解消してくれる事がある。

「放っておく」というのは、問題解決の「奥の手」のひとつなのです。


参考『人前で3分、あがらずに話せる本』金井英之著、すばる舎

75

わるい時がすぎれば、よい時は必ず来る。おしなべて、事を成す人は、必ず時の来るを待つ。

松下幸之助（経営者）『道をひらく』、ＰＨＰ研究所より

76

待てば海路の日和あり。

日本のことわざ

※「待てば、カイロはエジプトの首都」というくだらないジョークがクイズ仲間で流行った事がありますす（つて、どうでもいいですね…）。

77

あえて他人に流される。

本田直之（経営コンサルタント）『トリガー・フレーズ　自分にスイッチを入れる170の言葉』、日経ビジネス人文庫より

30

分かち合っても減らないもの

クララの涙

かつてのテレビアニメ『アルプスの少女ハイジ』（高畑勲《いさお》演出）の中に、こんなシーンがあります。

フランクフルトから、ハイジのいるアルプスにやってきた足の悪い少女クララ。車イスに乗ってでしか移動できない彼女は、「自分は、みんなに迷惑をかけている」と考えていました。

ある日の事。

クララは、友だちのペーターの家にいる、目の不自由なおばあさんのために本を朗読してあげます。

読み終わったクララに対して、おばあさんは、「本当に心がこもっていて、内容がよくわかりました。ありがとうございました」と心からのお礼を言います。

そのおばあさんの感謝の言葉を聞いたクララは、突然、泣き出してしまうのです。

いつもみんなに迷惑をかけている自分。

そんな自分を必要とし、こんなにも喜んでくれる人がいるという事実。

その事に感動して、うれし涙が止まらなくなるのです。


人は、誰かを幸福にした時、自分もまた幸せな気持ちになる。


人気歌手のJUJUさんは、デビュー曲も2曲目もヒットせず、事務所からは「次に出す曲が売れなかったら契約終了」と宣告されたそうです。

彼女の運命を分けたのは3曲目の『奇跡を望むなら…』。

ある時、この曲をステージで歌う彼女の耳に、1人のお客さんの声が届きます。

「**ありがとう**」

このひと言を聞いた彼女は「ハッ」とします。

今までの自分は、ただ単に、「歌が好きだから」歌っていた…。

でも、そんな自分の歌が「聴いている人に勇気を与え、感謝されている」と、初めて気が付いたのです。


それ以来。

彼女は、「歌うたびに感謝するようになった」のだそうです。

すると、不思議な事に、『奇跡を望むなら…』がテレビ番組で「泣ける歌」として取り上げられたりして、ヒットし始めた。

客席から聞こえた、たったひと言の「ありがとう」が、彼女の歌に対する思いを変えさせ、運も引き寄せてしまったのです。


人は、自分が誰かに必要とされていると知った時、自分への「思い」が変わる。

ではここで、「なぞなぞ」を1問。

与えれば与えるほど、減るどころか増えていくものは何？

わかりますか？

実はこれ、お釈迦様の言葉を元にした「なぞなぞ」です。

「与えれば与えるほど増えていくもの」

答えは、「幸せ」。

元になっているのはこんな話。

ある時、お釈迦様は弟子たちにこんな事を言います。

「ここに1本のロウソクがある。このロウソクの火からは、何千本ものロウソクに火をつける事ができる。しかし、それをしたからといって、元のロウソクの寿命が短くなるわけではない」

そして。

続けて、こう言うのです。

「幸福は、分かち合っても決して減る事はない」

お釈迦様のこの教えは、次の言葉に集約されています。

「自利利他《じりりた》」

これは、

「私の幸せは、あなたの幸せにつながっている」

「他人を幸せにする事は、すなわち、自分が幸せになる事」

と、そんなような意味。

『アルプスの少女ハイジ』のクララは、「本を読む」という自分の能力を「分け与えて」おばあさんを幸せにしました。

歌手のＪＵＪＵさんは、曲を作り、歌うという自分の才能を活かして、聴いている人に勇気を与えたのです。

人に親切にすると、脳内で「オキシトシン」というホルモンが分泌され、幸福感が得られたり、リラックスできたりするという事は、科学的にも証明されているのだそうです。

自分の持っている「何か」を与える事で、人を幸福にして、感謝される。

それは、自分が幸福になる行為でもあるのです。

78

多くの人々に幸せや喜びを与える事以上に、崇高で素晴らしいものはない。

ベートーベン（音楽家）

79

毎日3回、人を喜ばせてください。
毎日3回、3カ月続ければ、人生が変わる。

オノ・ヨーコ（芸術家・音楽家）

80

愛は幸福の財布である。
与えれば与えるほど、中身が増す。

ミュラー（ドイツの詩人）

81

せっかくいい才能を持っていても、
それを「人の幸せのために役立てる」という機会を得なければ、
何の意味もない。

空海（真言宗開祖）

82

世のためにつくした人の一生ほど、美しいものはない。

司馬遼太郎（小説家）

31

シェアする幸せ

伝説の『少年ジャンプ』

その少年の夢は、宅配のピザを1人で全部食べる事でした。

大好きなピザなのに、いつもは弟と分けなくてはなりません。

一度でいいから、ピザ1枚を1人で思い切り食べてみたい…。

ある日、少年は両親と弟が出かけているスキに、お小遣いをはたいて、ピザを注文しました。

夢を実現するために。

届いたピザを頬張《ほおば》る少年。

でも。

何かが違っていたのです。

いつもはあんなに美味しいピザが、なぜか美味しくない…。

そこに弟が帰ってきます。

「あっ、ピザだ」

「うん、お兄ちゃんが頼んだんだ」

そして、少年は弟にこう言います。

「一緒に食べよう」

2人で食べるピザは、いつもの美味しいピザに戻りました。

少年は、ピザが美味しい理由を初めて知ったのです。

これは、何かの本で読んだ、その本の著者の少年時代の思い出です。

世の中には、「**シェアする幸せ**」というものがあります。

ちなみに、「頑張ろう」というモチベーションにも2種類あって、「生活が不安だから仕事を頑張ろう」というプレッシャーによる動機を「ブラックエンジン」、「家族の幸せのために仕事を頑張ろう」という、人のためなどを思ったプラスの動機を「ホワイトエンジン」と言うのだそうです。

さて。

これからお話しするのは、「シェアする幸せ」と「ホワイトエンジン」の持つパワーを感じさせてくれる実話です。

2011年3月11日。

東日本大震災が発生しました。

この時、仙台では、ライフラインが復旧したあとも、本や雑誌の流通は完全にストップ。

子供たちが毎週読むのを楽しみにしている漫画雑誌も、本屋さんに届きません。

「おじさん、『コロコロコミック』届いた？」

「ごめん、届かないんだ」

そんな会話が、あちこちの本屋さんで交わされたのです。

テレビを観ても、流れるのは恐ろしい映像ばかり。

だからこそ、子供たちに漫画本を読ませてあげたい。

本屋さんも、そう考えていたのです。

そんなある日。

1人のお客が『少年ジャンプ』を持ってきて、ある本屋さんにこう言います。

「これ、ボクはもう読んだので、よかったら皆に読ませてあげてください」

そのお客は、『少年ジャンプ』を読みたくて、山形まで行って購入したとの事。

本屋の店主は、さっそく、店頭に貼り紙をします。


「少年ジャンプ　3／19日発売号　読めます！　1冊だけあります」


店主は、この『少年ジャンプ』を立ち読み自由にしました。

そう、「シェア」したのです。

それを見た子供たちが、次々と店にやってきます。

ウワサはすぐに広がり、翌日には、お店に長い列が…。

子供を連れて来て、「**ずっと怖がっていた子供がようやく笑ってくれました**」

と涙ぐむ母親もいました。


この、1冊の『少年ジャンプ』の話は、小さな新聞記事になりました。

すると、この本屋さんに、「この本も置いてあげて欲しい」と、たくさんの漫画雑誌が届くようになったのです。

いつしか、店頭には募金箱が置かれました。

無料で読むのは悪い…と考えた子供たちが設置したのです。
店主は、募金箱に入れられたお金を、津波で被害を受けた地域に本を届けるプロジェクトへ寄付しました。

数百人の子供たちに回し読みされて、ボロボロになった、この『少年ジャンプ』は現在、発行元の集英社に、「伝説のジャンプ」として保管されているそうです。

独り占めはツマラナイ。
でも、シェアすると、皆が幸せになる。

この『少年ジャンプ』の話は、「シェア」が生んだ、小さな奇跡です。

参考『本屋さんで本当にあった心温まる物語』川上徹也著、あさ出版

83

うばい合えばにくしみ
わけ合えばよろこび
うばい合えば不満
わけ合えば感謝

うばい合えば戦争
わけ合えば平和
うばい合えば地獄
わけ合えば極楽

相田みつを（詩人）

※有名な詩、「わけ合えば」の中盤から後半部分です。「わけ合えば感謝」「うばい合えば地獄」って、本当にすごい言葉だと思います。世界中の政治家に座右の銘にして欲しい名言です。

32

「覚悟を決めている人」の強さ

黒澤明の「恐ろしい遠足」

黒澤明監督の映画『赤ひげ』。

私が個人的に日本映画の頂点だと思っている作品です。

この名作の中にこんなシーンがあります。

小石川養生所の頑固者の医師、赤ひげ（三船敏郎）のもとで、心ならずも働く事になった若者、保本《やすもと》（加山雄三）。

彼はある時、病《やまい》でひん死の老人の臨終の場に立ち会います。

その時、やせ細り、苦しげに息をする老人の凄惨《せいさん》な姿に眉をひそめる保本に対して、赤ひげがこんな事を言うのです。

「人間の一生で、臨終ほど荘厳《そうごん》なものはない。それをよく見ておけ」

赤ひげの言葉に、目をそむけまいとする保本。

だが、見ていられない…。

極貧の庶民たちを相手にした養生所を舞台にしたこの物語の中には、いくつかの死の瞬間が描かれています。

その「荘厳な瞬間」を見る事で、保本が人間として成長していくのが、この映画の前半です。

実は、黒澤明は、幼い日に、この時の保本と同じような体験をしています。

それは関東大震災のすぐあとの事。

震災による火災がおさまると、黒澤明の兄は、それを待っていたかのように、「明、焼跡を見に行こう」と誘ったのだそうです。

その誘いに、はじめは遠足にでも行くような思いでウキウキとしてついて行った明少年。
それが、「この世の地獄」を見るための誘いだとは夢にも思っていませんでした。
はじめのうちは、たまにしか見かけなかった焼死体。
下町に近づくにつれてその数は増えていきました。
あまりの火の強さに、焼跡は白茶けた赤い色の灰に覆われ、まるで赤い砂漠。
そのあちこちに、ありとあらゆる焼死体が転がっている。
あまりの恐ろしさに、明少年が目をそむけると、彼の兄はこう言って叱りました。

「明、よく見るんだ」

仕方なく、歯を食いしばって地獄を見続ける明少年。
やがて、ある広場へとさしかかる2人。
そこは、震災で最も多くの死者が出た場所。
見渡すかぎりの死骸。

死骸は、なぜかところどころで折り重なって小さな山をつくっている。
その死骸の山のひとつの上に、座禅《ざぜん》を組んだまま黒こげになった、まるで仏像のような死骸があったのです。

その、あまりにも荘厳な姿。
兄は、それをじっと見たまま、しばらく動かなかったそうです。
やがて。
その兄が、ポツリとつぶやきました。

「立派だな」

明少年も、同じ事を考えていました。
たぶん、火に包まれ、覚悟を決めて座禅を組んだまま亡くなったその死骸。
その覚悟の思いが、ひしひしと伝わってくる。
この死骸を見た兄は、明少年に、「そろそろ帰ろうか」と言い、この「世にも恐ろしい遠足」は終わったのだそうです。

「メメント・モリ」という言葉をご存じでしょうか。

ラテン語で、「死を記憶せよ」、つまり「自分がいつか死ぬという事を忘れるな」という意味の言葉です。

もともとは、それほど重い意味ではなく、「いつかは死んじゃうんだから、人生を楽しもう！」という程度の言葉だったものが、だんだんと、「死から目をそむけず、それに向かって人生を生きよ」という意味合いが強くなってきたのだとか。

たぶん、人間にとって、最も恐ろしいものは、「死」でしょう。

でも、だからと言って、目をそむけていては、ムダな時間を過ごしてしまいかねない。

誰にでも、いつか必ずやってくる、「人生で最も荘厳な瞬間」。

実は、それほど恐れる必要はないのです。

「恐ろしい遠足」に出かけた日の夜。

黒澤明少年は、「きっと、今晩は一睡もできないに違いない。もし、眠れたとしても、とんでもない悪夢を見るだろう」と思って床に就きました。

ところが。

枕に頭をのせたと思ったら、すぐに朝になってしまい、悪夢もぜんぜん見なかった。

不思議に思って、兄に話すと、彼の兄はこう言ったのだそうです。

「怖いものに眼をつぶるから怖いんだ。よく見れば、怖いものなんかあるものか」

参考『蝦蟇《がま》の油　自伝のようなもの』黒澤明著、岩波現代文庫

84

死を恐れない者に、いったい、何を恐れろというのだ。

シラー（ドイツの詩人）

※本当に、「死ぬ覚悟」ができている人間は天下無敵ですよね、シラーさん。

85

世の中は　地獄の上の　花見かな

小林一茶（俳人）

※ユーモアあふれる句を数多く残した一茶の一生は、実は不幸の連続でした。この句には、「ツラい事ばかりの人生でも、楽しんで生きよう」という一茶の覚悟を感じます。

86

命もいらぬ、名もいらぬ男は始末に困るものだが、そういう男でなければ、天下の大事は謀《はか》れない。

西郷隆盛（軍人・政治家）

87

必要なのは、勇気ではなく覚悟。

高橋歩（起業家・著作家）

※大学生の時に、映画『カクテル』を観てバーを作ったり、自叙伝を出すために出版社を作ったり、いきなり新婚の奥さんと無期限世界一周旅行へ出かけたりと、まさに「自由人」の高橋氏。この言葉は、著書『自由人の脳みそ』（Ａ－Ｗｏｒｋｓ）の中にあり、「決めてしまえば、すべては動き始める」と続きます。「覚悟」を決めている人は怖いものなし。無敵ですね。

33

夢を追える自由

宮崎駿に「生きる意味」を突きつけた場所

宮崎駿《はやお》監督の長編アニメ映画『風立ちぬ』。

その制作の舞台裏が、NHKの『プロフェッショナル 仕事の流儀 宮崎駿スペシャル「風立ちぬ」1000日の記録』（2013年8月26日放送）という番組で公開されていました。

詳しい内容は書きませんが、この番組の中で宮崎監督が言っていたひと言が「すごいな」と思いましたのでご紹介します。

『風立ちぬ』の主人公のモデルは実在の人物。第二次世界大戦当時、世界に誇る性能を持った日本の戦闘機、「ゼロ戦」を設計した堀越二郎です。

もちろん、あくまで「モデル」ですから、実際の堀越二郎の人生と異なるフィクションの部分がたくさん盛り込まれています。

主人公が愛する女性が、結核におかされてしまうのは、タイトルの通り、堀辰雄の小説『風立ちぬ』のストーリーがミックスされたもの。

実在の人物を主人公にしながらも、フィクションの部分を織り交ぜるあたりが宮崎監督らしい。

とは言え、宮崎監督は、自らが得意とするファンタジーを封印し、リアルにこだわった演出で、この作品に取り組んだのです。

番組の中で、宮崎監督は、**「なぜ、戦争の道具を作った人物を描かなくてはならないのか。その疑問に対して答えなくちゃならない」**と呪文のように繰り返します。

この疑問は、国内外の報道機関だけでなく、映画に携わるスタッフや、なんと宮崎監督の奥さんからも投げかけられ、その疑問に対して、彼は真摯《しんし》に向き合い、悩み続けていたのです。

この疑問に対する「答え」が出ないまま、映画の制作は進み、いよいよ後半にさしかかった時…。

ついに、行きづまってしまいます。

宮崎監督は、映画の全体のストーリーを決めないまま制作に入るという独自のスタイルを貫いています。

この作品でも、この段階に至るまで、物語のラストは決まっていませんでした。

「戦争の道具を作った人間の物語に、どんな結末をつければいいのか？」

この答えが得られず、袋小路《ふくろこうじ》に入り込んでしまったのです。

悩む宮崎監督。

そんなある日、監督はハンセン病の資料館へ出向きます。

ハンセン病は、かつて、日本で「不治の病」と呼ばれ、感染を避けるため患者は社会から隔離《かくり》されました。

差別を受け、死ぬまで施設の中で過ごしたのです。

松本清張原作の映画、『砂の器』で、主人公の父親もこの病でしたね。

病気によって「普通の生き方」を奪われた人たちの記録を観た宮崎監督は衝撃を受けます。

そして、こう言うのです。


「おろそかに生きてはいけない」


そして、その言葉が、そのまま映画『風立ちぬ』に対する疑問への答えになりました。

そう。

ゼロ戦なんて、もう、どうでもよくなってしまったのです。

関東大震災。

そして、戦争という激動の時代の中で出会い。

ただ、ひたすらに、

「おろそかに生きなかった2人」を描けばいい。

暗礁《あんしょう》に乗り上げていた絵コンテは、印象的なラストへと一気に進み始めます。

映画の中で、主人公が、こうつぶやくシーンがあります。

「僕たちには時間がないんだ」

「理想の飛行機を作る」という「夢」を追いかける男の半生を描くはずだった映画は、後半、「命の賛歌」へと変貌を遂げるのです。

あなたも私も、「限りある時間」の中で生きています。

かつて、ハンセン病におかされた人たちは、その「限りある、大切な、生きている時間」から、「自由」を奪われてしまった。

でも。

私たちには「自由」があります。
映画の中の堀越二郎のように、夢を追いかけてもいい。
愛する人のために、人生の時間を使ってもいい。

ただ。

おろそかに生きてしまったら、もったいない。

そう言えば、映画『風立ちぬ』の宣伝コピーは、
「**生きねば。**」
でしたね。

88

人間には「死ぬ事」と同じくらい、避けられない事がある。
それは「生きる事」だ。

チャールズ・チャップリン（映画『ライムライト』より）

89

命の使い方、五つの誓い
・口は人を励ます言葉や感謝の言葉を言うために使おう
・耳は人の言葉を最後まで聴いてあげるために使おう
・目は人のよいところを見るために使おう
・手足は人を助けるために使おう
・心は人の痛みがわかるために使おう

腰塚勇人『命の授業』、ダイヤモンド社より
※スキー中に転倒し、全身麻痺になってしまった元体育教師、腰塚勇人さん。これは、一時は自殺も考えたが、周りの人たちの支えで生きる事を決意した彼が立てた「命をどう使っていくか」という誓いです。

あとがき

ニューハーフの兄弟が泣いた日

最後まで読んでいただき、本当にありがとうございました。

楽しんでいただけましたでしょうか？
あなたの大切な人に「伝えたい」と思える話はありましたでしょうか？

では、最後にもうひとつだけ、お話を紹介させてください。

それは、ある双子の兄弟の話。
テレビ番組の企画で、長年にわたって、一般の家庭にお邪魔して、晩ごはんをご馳走になっていた落語家のヨネスケ師匠の著書（＝『人たらしの極意』小学館101新書）に出てくる話です。

ヨネスケ師匠は、晩ごはんをいただきながら、おじゃました家の「身の上話」を聞く事が多いのですが、これもそのひとつ。

師匠の心に強く残った話です。


この兄弟。


ごく普通の家庭に生まれ、ごく普通に育ちました。

でも、ただひとつ、普通ではなかった事があります。

それは兄弟そろって、「性同一性障害」だった事。

男性に生まれてしまったけれど、2人とも、心の中は女性だったのです。

10代の頃から悩み始める兄弟。

やがて、2人とも「偽りの人生」に嫌気《いやけ》がさし、受かっていた有名大学へ通う事なく、家族の前から姿を消します。

「女性として生きる道を選びました」

というメッセージを残し、実家があった京都から飛び出したのです。

その後、最初に出したお店は半年でつぶしてしまいます。

でも、唯一、連絡を取っていた母親から資金援助を受けて、経営について猛勉強します。

そして、2軒目として千葉の繁華街にニューハーフクラブを出店。

このお店は軌道に乗せる事ができました。

2人とも、すっかり美人のニューハーフに変身し、繁盛店のダブルママになったのです。

実家を出て、いつの間にか20年が経っていました。

その間、父親が他界し、2人に資金援助をしてくれた母親も亡くなりました。

両親の看病や葬儀を行なったのは、たった1人の妹さん。

兄弟が実家に戻らなかったのは、ニューハーフになった自分たちが実家に帰る事で、家族が近所から悪いウワサを立てられるような気がしたから。

今でこそ、たくさんのオネエのタレントがテレビに出て、社会的な偏見が少なくなりましたが、この兄弟が若かった頃は、世間からの目はまだ冷たかったのです。

「自分たちは一家の恥。帰ってはいけないんだ」と思っていたのですね。


しかし。

ヨネスケ師匠に直撃される直前、初めて京都の実家に戻った2人は、近所の人たちから意外な話を聞きます。

兄弟を幼い頃から知る近所の人たちによると、彼らの母親は生前、近所の人たちに、よく自慢げにこう言っていたというのです。

「息子たちがニューハーフになって頑張ってるんや」

2人は、母親にとって、恥でも何でもなかった。

それどころか…。

「自慢の息子」だったのです。

この話を、この双子の兄は泣きながらヨネスケ師匠に話してくれたのです。

もしかしたら…。

この兄弟のように、自分の事を恥じているのは、実はあなただけかも知れません。

そもそも。

「あなたについてのコンプレックス」を持っているのは、世界中で「あなただけ」。
あなたが、それを捨て去った瞬間に、それは、この世から消えて無くなります。

もっと自分を信じてあげてください。
自分を信じる事から、すべてが始まります。

そして。
あなたが気付いていないだけで、必ず、あなたは誰かに愛され、応援されています。
その事を忘れず、自分のための人生を、自分らしく、誇りを持って生きてください。

たった1度の人生なのですから。

西沢泰生

90

人生には、好きなことをする時間しかない。

大林宣彦（映画監督）

著者紹介
西沢泰生（にしざわ　やすお）
1962年、神奈川県生まれ。
中学生の時にテレビでクイズ日本一決定戦を観てクイズ王にあこがれる。『アタック25』『クイズタイムショック』などで優勝。『第10回アメリカ横断ウルトラクイズ』ではニューヨークまで進み準優勝を果たす。
大学卒業後は会社員となり、約20年間、社内報の編集を担当。日々、書籍やテレビから知識、雑学を得続けた結果、様々なエピソードや名言に精通する事になる。
著書に『壁を越えられないときに教えてくれる一流の人のすごい考え方』（アスコム）、『夜、眠る前に読むと心が「ほっ」とする50の物語』『伝説のクイズ王も驚いた予想を超えてくる雑学の本』（以上、三笠書房・王様文庫）、『朝礼・スピーチ・雑談 そのまま使える話のネタ100』（かんき出版）、『大切なことに気づかせてくれる33の物語と90の名言』『コーヒーと楽しむ 心が「ホッと」温まる50の物語』（以上、PHP文庫）などがある。

メールの宛先　yasuonnishi@yahoo.co.jp

本書は、2014年9月にかんき出版より刊行された『小さな幸せに気づかせてくれる33の物語と90の名言』を改題し、加筆・修正をして再編集したものです。

PHP文庫　大切なことに気づき、心ふるえる
33の物語と90の名言

2019年10月14日　第1版第1刷

著者　西沢泰生
発行者　後藤淳一
発行所　株式会社PHP研究所
東京本部　〒135-8137 江東区豊洲5-6-52
第四制作部文庫課　☎03-3520-9617(編集)
普及部　☎03-3520-9630(販売)
京都本部　〒601-8411 京都市南区西九条北ノ内町11
PHP INTERFACE　https://www.php.co.jp/
組版　アイムデザイン株式会社
印刷所　株式会社光邦
製本所　東京美術紙工協業組合

ISBN978-4-569-76968-4